育児書が
教えてくれない

育児のホント

あざみ【著】

妊娠から1歳までの
リアル体験談

日本実業出版社

はじめに

かわいい赤ちゃんとのご対面。今日からあなたはママになります。

しかし、はじめての育児で右も左もわからず、不安でいっぱいだと思います。

でも大丈夫。この本を読めば赤ちゃんのことならなんでもわかります。

お世話のやりかたも、成長の過程も、ぜーんぶ一冊にまとめました。

だから安心して、この本を信じて。

そうすればすべてうまくいくから……。

んなわけあるかいっ!!
ビリビリビリッ
あざみ（アラサー）
この本の筆者。コミュ障のくせに、寂しがり屋で、非常にズボラな性格。現在３人の息子の育児に奮闘中。夫は仕事が忙しくワンオペ率高め

あっ驚かせてスミマセン
3兄弟のオカンあざみです
つい、昔のことを思い出して
熱が入ってしまいました
長男を妊娠中に私は1冊の育児書を購入した。そこには、赤ちゃんの月齢別の成長過程やお世話の方法が細かく書いてあった
はじめての育児入門
無事長男を出産。はじめての育児で右も左もわからない私は
妊娠中に買ったあの育児書を参考にすることにした……のだが
ぜんぜん育児書通りにならないぞ？
ギン
ギン
「もしかしてうちの子は普通じゃないのかも」と不安になりとりつかれたようにネットで検索する日々
カタ
カタ
カタ
PC
さらに、育児書に書いてあるお世話の方法を信じ、夫にも強要してケンカになることもあった

慢性的な寝不足
正解がわからない育児
寝たい……
ぐいっ
こんなに育児が大変なんて
一言も本に書いてなかった
でも……
グッ
子育てのおかげで
今まで経験したことのない
え!?
立ってる!!
ウソ!!
スゴイ!
ドヤ
わ――っ
おめでとう!
あ、写真とらなきゃ!!
多くの喜びと
幸せに出会うことができた
情報を鵜呑みにして惑わされたり
頑張りすぎてイライラしたりして
今のステキなときを無駄にするのは
やめよう
ストン
あ〜
撮れなかった
もう1回!
そう思った私は
本を開くことをやめた
パタン
はじめての育児
入門

育児書通り育たなくていい
子どもの可能性が1冊の本に
収まるわけがない

育児書通り完璧にこなさなくていい
型にはめられた方法に縛られる必要はない

子育てって
もっと肩の力を抜いて大丈夫

だって親がニコニコ笑顔で
家族も笑っているほうが絶対楽しい

この気持ちを同じように悩んでいる方と
頑張りすぎていた当時の自分へ届けたい
そんな思いでこの本を書きました

育児で行き詰まったとき
手に取っていただければ幸いです

あ〜大丈夫 大丈夫
そんなに
がんばらなくても
ホラ、この通り
えっ!?てゆうか
私3人も
産むの?!
しかも男ばっかり
(そこかよ)

ホントのはじめに

①この本は、育児絵日記ブログ「だいごろうの１日」を元に作られた育児書です。

②この本は、育児書のくせに「月齢別の成長過程」がのっていません。
その代わり、「一人ひとり違う成長過程」を重要視しています。

③この本は、育児書のくせに「具体的なお世話の方法」がのっていません。
その代わり、「頑張りすぎなくても大丈夫」ってことはとにかく書いています。

④この本は、育児書のくせに夫や夫婦の話が出てきます。
「育児は家族みんなでするもの」であると考えているからです。

⑤この本は、育児書のくせに専門家が監修をしていません。
その代わり、１０００人以上（※）のママたちの共感とともに作られています。

※「育児書に対する意識調査」（２０１８年11月6日～11月13日実施。筆者によるツイッターでのアンケート）

もくじ

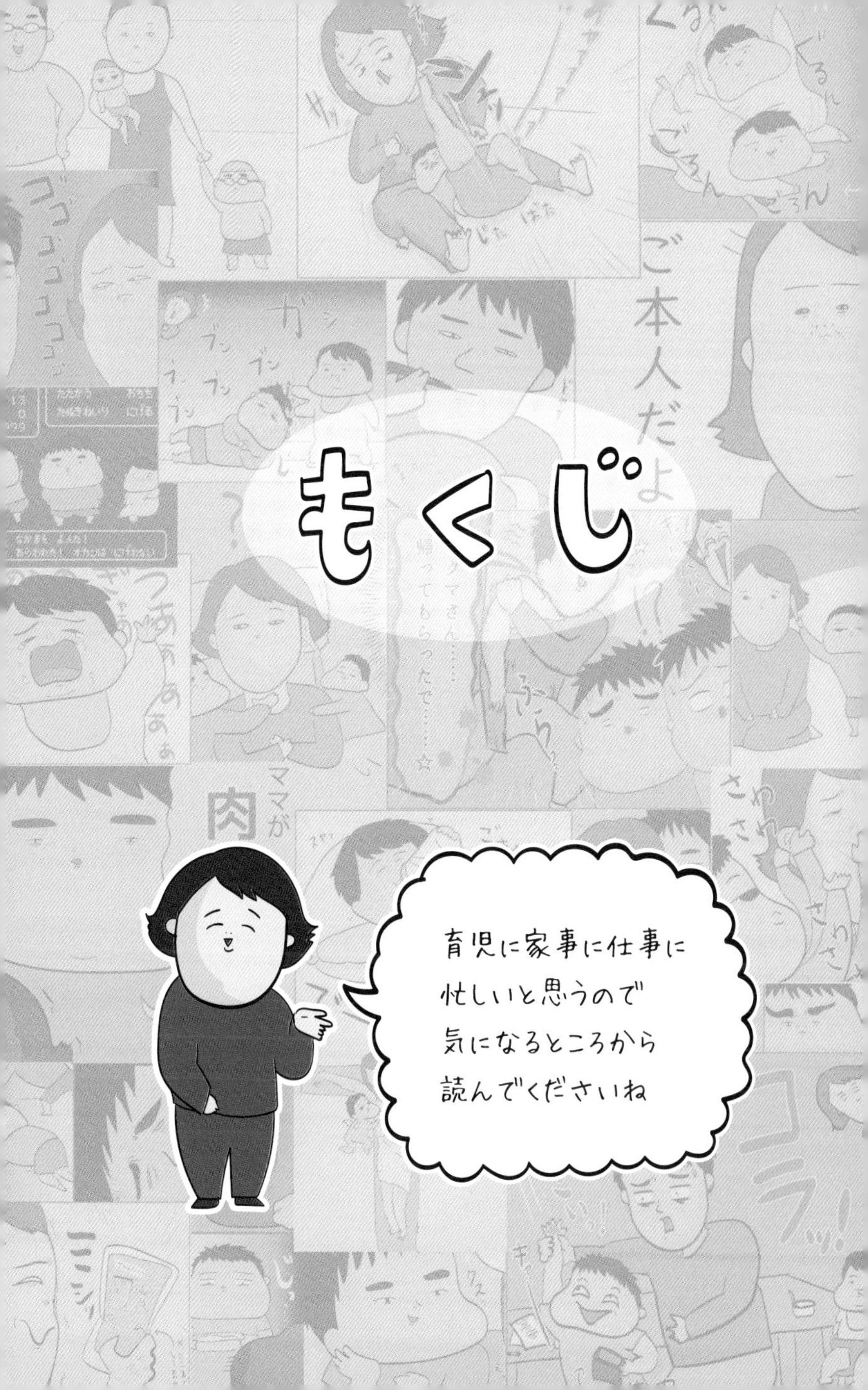
育児に家事に仕事に
忙しいと思うので
気になるところから
読んでくださいね

ごろん

Part 3 ねんね編

Part 4 離乳食編

Part 5
生活編

Part 6
母の心編

Part 7
第一子妊娠編

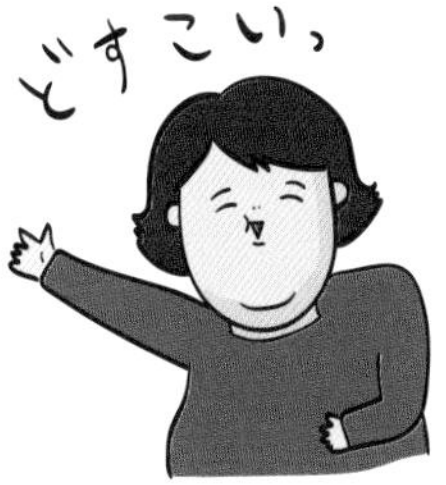

どすこいっ

Part 8
第一子出産編

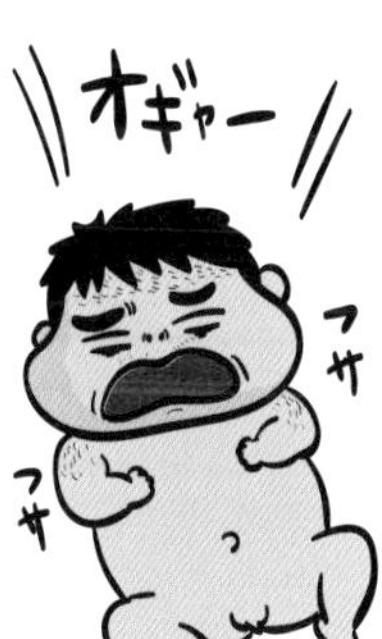

オギャー
フサ
フサ

ギン
ギン

ドヤ

Part 11

夫婦編

●本文デザイン　志岐デザイン事務所（黒田陽子）
●本文組版　　　一企画

※本書は筆者の経験を語ったものですが、執筆後に、世界規模の感染症が発生しました。感染予防の観点から、外出や立ち会い出産などに際しては、最新の情報を入手して行動していただきますようお願い申し上げます。

登場人物紹介

あざみ（オカン）

この本の筆者。性格はズボラ。
とにかく楽しいことが大好き

だいごろう

6歳の長男。優しい性格。
0歳のときは手のかかる
子だった

こごろう

4歳の次男。長男とは
年子。内弁慶。0 歳の
ときはデコハゲだった

さぶろう

2歳の三男。母が兄た
ちの世話に追われるあい
だにたくましく成長中

オトン

最近は家事も育児もできるスーパー
オトンに成長したが、最初の頃は仕
事人間で、よくオカンとバトルした

Part 1

成長編

赤ちゃんは、産まれてから日に日に成長を見せます。
でも、周りの子と自分の子を比べてしまって、
同じじゃないと不安になってしまうことも……。
だけど、100人いれば100通りの成長。
一人として同じ子はいません。
そんな成長に関する話をご紹介します。

0歳児とは思えない貫禄
どっしり

天使のような赤ちゃんが産まれてくるの？

コマーシャルに登場する赤ちゃん。まるで天使のような愛らしさ。きっと産まれてくるわが子も……とまだ見ぬ長男に思いをはせていた。

しかし長男をはじめて見たとき、私は衝撃を受けた。

フッサフサのオッサン出てきた！

なんと、髪も眉毛もオデコまで毛でびっしりで、肩までフサフサ。さらに顔をくしゃくしゃにして一生懸命泣く姿は、天使というよりオッサンだった。

産まれてくる赤ちゃんは身を守るため産毛がたくさん生えていることも珍しくない。成長とともに自然と落ち着いてくる。

わが子とはじめての対面。当初抱いていた赤ちゃんのイメージとはかけ離れていたが、**この世で一番かわいいオッサン**に出会えた瞬間だった。

天使というよりオッサンです

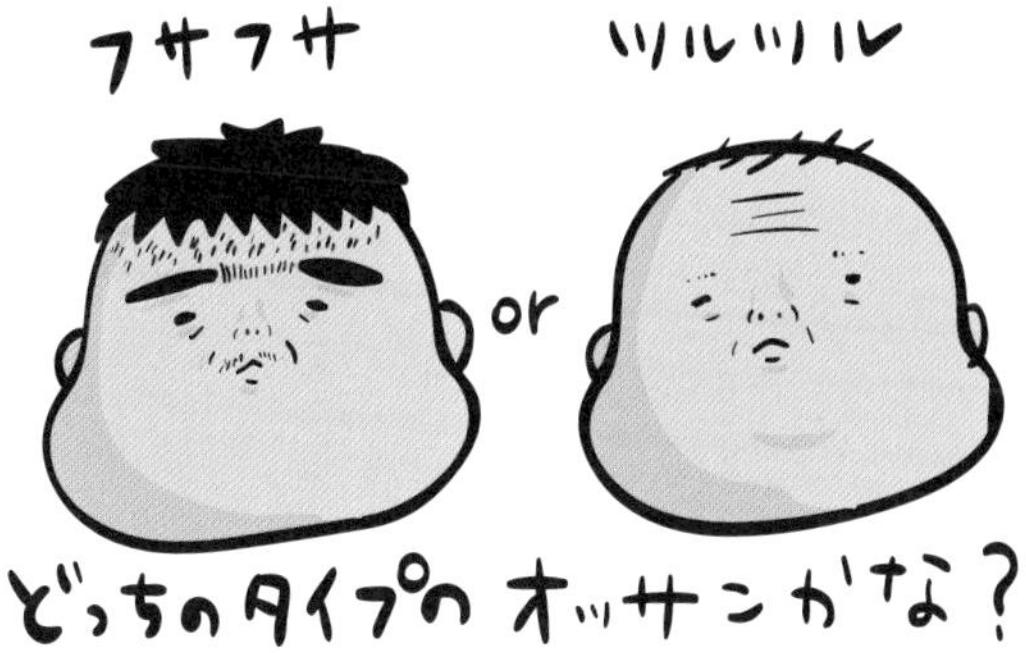
フサフサ
ツルツル
or
どっちのタイプのオッサンかな？

寝返り……いつになったらするの？

寝返りするようになる時期は子どもによって様々。ではなぜこんなに差があるのか？　その理由はズバリ……**「その子の性格次第」**だと私は思う。

長男のだいごろうは、早い時期から自身で猛特訓。一方、次男のこごろうは、生後5か月を過ぎて「そろそろやらなアカンなぁ」とようやくやる気を見せた。

ちなみに、「寝返りが早い＝運動神経がいい」というわけでもなく、一番寝返りが早かった長男は、お世辞にも運動神経がいいとはいえないドジっ子だった。

一人ひとり性格が違うように、成長スピードも様々。寝返りだけでなく、自分の子が周りと違うことで不安を感じてたら、うちの子たちを思いだして！

皆一緒なんて面白くない。一人ひとり違うからこそ、皆が輝けるのだから。

性格次第でそのうちします

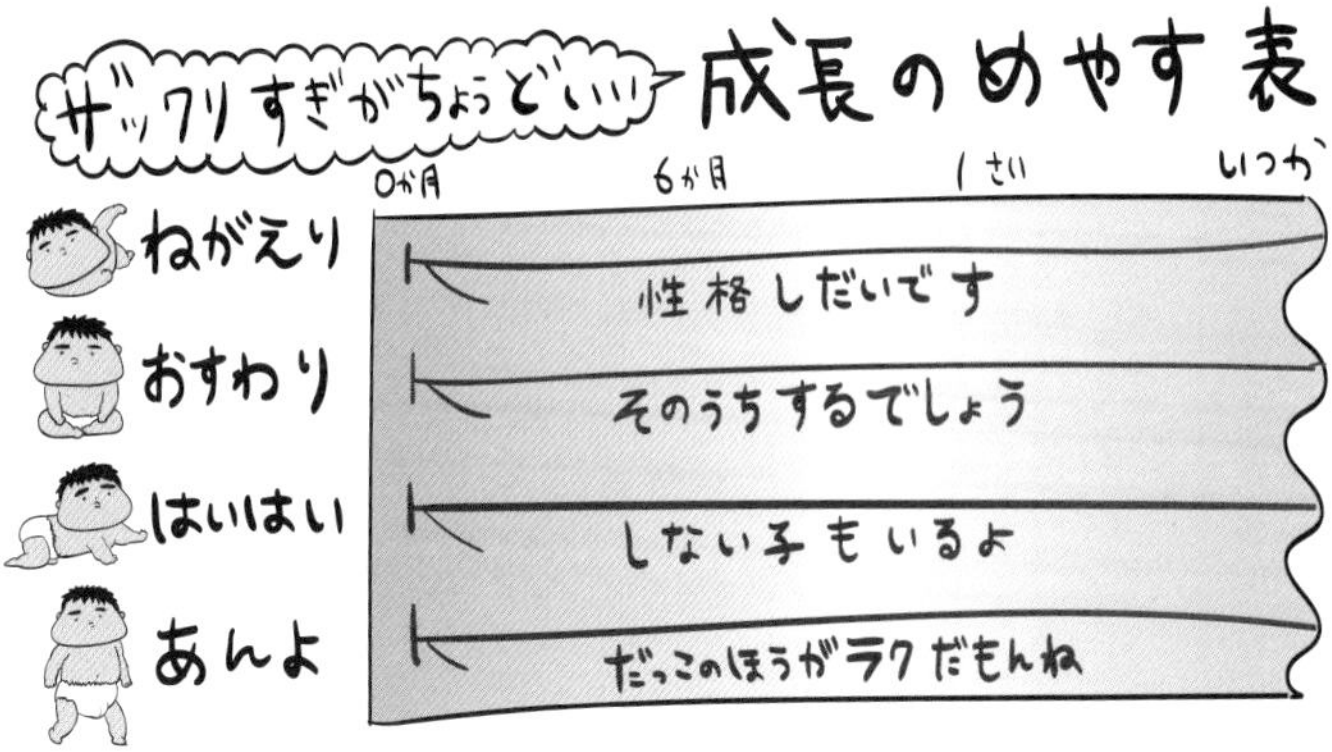
ザックリすぎがちょうどいい！
成長のめやす表
0か月
6か月
1さい
いつか
ねがえり
性格しだいです
おすわり
そのうちするでしょう
はいはい
しない子もいるよ
あんよ
だっこのほうがラクだもんね

「サイレントベビー」になるってホント？

サイレントベビー!?
泣いたらすぐ抱っこしないとサイレントベビーになったら大変！
無表情
笑わない
PC
風呂あがりも！
ご飯中も！
トイレまで！
四六時中抱っこで腱鞘炎になるし心は休まらないしもう限界
でも抱っこしないとサイレントベビーに……
今の私
大丈夫。多少泣かせても笑顔いっぱい育つよ。愛情は必ず伝わるから頑張りすぎないで

「サイレントベビー」とは無表情で、あまり泣かない・笑わない赤ちゃんのこと。その原因が「泣いているのにあやさず放置すること」だとインターネットで知った。はじめての育児で何もわからない私は**「サイレントベビー怖い！　泣いたら1秒でも早く抱っこ！」**と考えた。だから、自分のことなど後回しで一日中抱っこしていた。結果、いつしか心身ともに疲れ果ててしまうのだった。

長男が1歳半のとき次男が誕生。まだ幼く手がかかる長男の世話に追われ、次男をすぐに抱っこしてあげることができず泣かせてばかりだった。「このままでは、次男がサイレントベビーになってしまうのでは……」と心配したが、今では表情豊かな子に育っている。

家事育児に追われて、どうしてもすぐに抱っこできないときもある。それでも**愛情をかけていればサイレントベビーになどならない。**サイレントベビーになったらどうしよう……と心配するということは愛情がある証拠だし、その気持ちはわが子に必ず伝わる。

多少泣かせても愛情があれば大丈夫

実録！ 赤子の後追い事情

後追いでトイレまでついてくる。トイレぐらい一人でゆっくりしたいな～
カラカラ
長男のとき……
次男が産まれてさらにトイレが騒がしい。いつになったらゆっくりできるのか
次男が産まれ…
ワイ
ワイ
あれ？ そういえば最近誰もトイレにこなくなった。静かだ……
そして三男も産まれ
現在・・・・
こないとサミシイッ
シーーーン……
騒がしいトイレが懐かしくなる今日この頃

赤ちゃんがズリバイやハイハイで家中を動き回るようになると「後追い」が始まる。親が少しでも目の届かない場所に行けばギャン泣きで追いかけてくる……、

それがトイレであっても。

ゆっくり用を足そうにも、すぐ隣には隙を見てトイレットペーパーを奪おうとするわが子がいるから油断できない。トイレくらいゆっくりしたい、そう思っていたけど、いつのまにか誰もトイレに来てくれなくなっていた。そうなると少しだけ寂しい。

当時は大変すぎて早く成長してほしいと思っていたが、**気づけば懐かしい思い出に変わっていた。**

大変な日々にも必ず終わりがある

オカンMEMO

スマホやテレビに子守をさせてはいけないといわれるが、こういうときこそ使いどき。見せすぎはダメだけど、便利な物はうまく使ってトイレくらいはゆっくりしましょう。

わが子なのに泣いてる理由がわからない

まだ言葉がしゃべれない赤ちゃんは、泣くことで気持ちを伝えようとする。お腹が空いた・ウンチをした・眠いなど、泣く理由は様々。さらに、赤ちゃんが泣く理由は成長とともにどんどん複雑になってくるし、逆に理由もないのに泣いているときだってあるかもしれない。

そんな泣いている赤ちゃんを泣き止まそうと、あの手この手を試してみるが、どうしても泣き止まない。**母親なのに、わが子が泣いている理由がわからず自信をなくしてしまうこともあった。**しかし、現在3人の子どもを育てて気づいた。

「3人育ててもわからんときはわからん！」

今でも、三男が泣いている理由がわからないことなんかしょっちゅう。つまり、わが子であっても別人格。考えていることまでお見通しなほど母親はエスパーでもない。だから、多くの人が「赤ちゃんは泣くもの」と認識しているのと同じように、「母親だからってなんでもわかるわけじゃない」という真実も知ってほしい。

母親はエスパーじゃない

「成長日記」のホント!?

結論
当初の目的を見失いがち

大切なわが子の成長を忘れないよう、赤ちゃんの誕生とともに成長日記を書き始める人も多い。私も、長男が産まれてから成長の姿を記録しようと日記を始めた。

「今日ははじめて笑った」「寝返りまでもう少し」など、日々変わっていくわが子の様子を順調に書き進めていたのだが……。

「夫は今日も呑み会」「また子どもの世話もせずに一人ででかけた」など、いつのまにか夫への恨みつらみを綴る**「グチノート」**へと変貌していた。

それに気づいてからは、日記を書くことをやめて、本人に直接言うようにした。

今日ははじめてニコッて笑った
もうすぐ寝返りできそう
IKUJI NOTE
今日も呑み会
一人だけ自由すぎ
GUCHI NOTE

Part 2

授乳編

体から母乳が突然出るなんて不思議なことだけど、
母になったら自動的に授乳ができるようになると
思っていた。
だけど、全然うまくいかないことを、
悔しくも母になってから痛感した私。
そんな授乳に関するリアルな話をご紹介します。

授乳って「本能」でできるってホント？

赤ちゃんには産まれつき、おっぱいを飲む本能があるんだね
NARU HODO
いくじのきほん
それならはじめてでも安心ね
長男出産後……
授乳してみましょうか
ドキドキ
緊張する！でも本能があるから大丈夫……
あれ？吸ってくれない！思ってたより難しいな……
スヤァ
てまどってるうちにねてしまった
今日はミルクあげておきますね
ガーーン
授乳できないなんて母親失格だ……！

赤ちゃんは、おっぱいやミルクを飲むための本能を産まれながらに備えている。このことをあらかじめ育児書で学んでいたので、授乳になんの心配もなかった。ところが、はじめての授乳はうまくできず失敗に終わった。私は想像と違ったことに戸惑い、哺乳瓶で粉ミルクを飲み、空腹をしのぐわが子を見て**「母親失格だ！」**とひどく落ち込んだ。

しかし授乳室で周りを見ると、同じ日に出産したママたちが試行錯誤しながら授乳の練習をしていた。乳首をくわえない、すぐに寝る、泣いているだけで吸わない。多種多様なパターンでママたちのおっぱいを吸わない赤ちゃん。

「君たち本当に本能あるの……？」

とツッコミを入れたくなるほどだった。

赤ちゃんもお母さんも、最初は「授乳のど素人」。回数を重ねていくうちに授乳のコツもつかんでくるし、自然と息が合ってくるから焦らなくても大丈夫。

最初はお互いど素人

生後1日の赤子に
悪戦苦闘する
母たち

早く上手に授乳したい！　焦った結果……

このままじゃ母親失格！一秒でも早く授乳ができるようになるため特訓だ！
絶賛産後ハイ
ガバッ
私は行かなくていい夜中の授乳も休まず3時間おきに通った
（夜中は助産師さんがミルクあげてくれる）
やっとうまく授乳できるようになってきたぞ……
翌朝……
乳首が切れ水泡もできて激痛
イテェェエエエエッ！

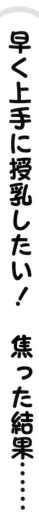

はじめての授乳に失敗したことを、私はとても気にしていた。このままでは母親失格だ。そんな焦りを感じた私は、授乳の練習のために夜中も3時間おきに授乳室へ通った。

しんと静まり返った真夜中の授乳室。産まれたばかりの長男と二人きり。授乳の練習を繰り返すうちにだんだん上手になってきた。しかし翌朝……、

「**痛いっ！**」

なんと**乳首が切れて水泡ができてしまった。**まさか授乳で乳首が切れるなんて……。授乳をしばらくやめたくなるほどだったけど、赤ちゃんは3時間おきにお腹を空かせるので、痛みに耐えながら授乳する日々がしばらく続いたのだった。

焦ると血を見ることになる

オカンMEMO

はじめての授乳で乳首が痛むことはよくある。そんなときは赤ちゃんが口に入れても安全な塗り薬を使おう。塗ってラップをしていると早く良くなった。

母乳とミルク、どっちがいい？

母乳とミルクの「いいとこ取り」を！

いまだに母乳神話が聞こえてくる世の中。それに苦しめられているママも少なくない。実際私も長男を出産後、何がなんでも母乳で育てなければと意地になっていた。

しかし、次男が産まれ、母乳とミルクの混合に変えてから、私の考えはがらりと変わった。その理由は、**ミルクなら誰でも与えることができるから。**ミルクのおかげで夫に授乳を任せたり、実家に預かってもらったりすることもできて、私の負担はぐっと減った。

産後まもなく母乳が出ずミルクで育てた友人がいた。母乳が出ないことに落ち込んでいた友人の息子は、現在すっかり大きく成長した。**母乳でもミルクでも赤ちゃんはしっかり育つ。**母乳で育てなければと頑張りすぎず、それぞれのいいところを上手に使えたらと思う。

母乳とミルクのいいところ
・乳をだすだけで楽チン
・消毒・調乳のてまがない
・外出時のにもつが少ない
・夜中起きあがらなくていい
・何回でも授乳していい
・だれでも授乳できる
・のんだ量がわかりやすい
・はらもちがいい
・授乳室を探さなくていい
・ワンオペのとき助かる

授乳中の食べもの、我慢《がまん》ばっかり！

授乳中の食べ物我慢ばっかり！本当に全部我慢する必要があるのかな？
ハァ
あまいもの
カフェイン
からいもの
脂っこいもの
アルコール
①赤ちゃんがいつもどおり母乳をのんでごきげん健康
寝ない・機嫌が悪い・母乳を飲まないなどなければオッケー！
②お母さんがいつもどおり元気で健康
ズキ
ズキ
コチ
カチ
甘いもの・脂っこいもので乳腺炎になりやすい人は注意が必要
③ガマンがものすごーーく
ストレス
イライラ
①と②がクリアなら過剰にならない程度に食べても大丈夫！

授乳中は甘いもの・辛いもの・脂肪の多いものなど制限するべきといわれる食べ物も多い。しかし、すべてを制限する必要があるのだろうか。それを判断する基準は3つある。

1つめが子どもへの影響。例えば香辛料やニンニクなどの刺激物や、カフェインの入ったものを摂取すると、眠りが浅くなったり母乳を飲まなくなったりする場合は控えるべき。2つめが自分の体質。甘いものや脂っこいものを食べると乳腺炎になりやすいなど、人によって体質も様々。健康をおびやかすなら控える必要がある。最後に、我慢によるストレスの程度。赤ちゃんに影響もない、体質も問題ない。我慢することが大きなストレスであれば、例えばコーヒー1杯だけなど、過剰にならない程度に摂取してもよいと考える。

なんでも取りすぎはいけないが、これら3つの基準をクリアすれば、過度に我慢する必要もない。**我慢が続けばいつか爆発する。**頭をカチコチにしすぎず、柔軟に考えて。

過剰摂取はダメだけど、我慢しすぎる必要もない！

オカンMEMO

アルコールの過剰摂取は授乳中は控える。どうしてもお酒が飲みたい人は、母乳からミルクに切り替えましょう。薬も乳児の発育に影響が出る可能性があるので医師に相談しましょう。

死ぬかと思った恐怖の乳腺炎

痛いし寒いし乳腺炎ってこんなにしんどいのね
胸の痛み
しこり
発熱
体がだるい
寒気
頭痛
吐き気
ズキ
ズキ
乳腺炎のときは赤ちゃんに吸ってもらうのが一番。ベストな吸わせかたは……
しこりの場所
強
弱め
弱め
最強
赤ちゃんの吸う力は下あごが一番強い!
これだっ!!
妖怪乳吸わせババア
ゼーゼー
ゴクゴク
じっ
この後反対の胸も乳腺炎になった
乳腺炎にならないよう、暴飲暴食せずストレスを溜めないようにしましょう
乳腺炎になったら我慢せずお医者さんに相談しましょう

誰もが乳腺炎になる可能性がある

授乳中最も気をつけなければならないこと、それは「乳腺炎」。当時の私は乳腺炎なんて大したことないだろうと甘く見ていた。しかし、実際なってみると、**発熱・寒気・胸の痛み・倦怠感・吐き気・頭痛**などの症状におそわれ、身動きできず寝込んでしまった。痛みと寒気で眠ることもできず「このまま死ぬかも……」とまで思った。前日に、和洋中バイキングにて、料金の元を取る勢いでたらふく食べた自分を呪った（暴飲暴食に気をつけよう）。

はじめて乳腺炎になったのは、次男授乳中のときだった。長男のときは何を食べても乳腺炎にならなかったので、**自分とは縁のない話だと思っていた。**しかし、次男は長男よりも授乳回数が少ないのに、食べすぎで母乳の需要と供給のバランスが崩れたことや、連日の寝不足や疲れも重なり、乳腺炎になりやすい状態だったのかもしれない。

食べすぎダメゼッタイ
もとをとるまで食べるぞー

添い乳はクセになるからダメ？

添い乳ってクセになるからダメなのかな。次男は添い乳しないで育てよう
次男出産後……
次男をベビーベッドに寝かせ添い乳せず夜間授乳を頑張っていたが……
ふえっ
バッ
ピクッ
ベビーベッド
うまくいかない日もあり、連日の寝不足で疲労も限界
ママーーッ!
ガバッ
そして結局……
やっぱり添い乳
トン
トン
ゴク
ゴク
こうして年子育児を乗りきった

授乳方法の一つに、添い寝しながら授乳する「添い乳」がある。しかし、添い乳は「クセになる」「眠りが浅くなる」などという悪い噂があるらしい。

夜眠らない長男の夜間授乳に疲れ果てた私は、その噂を知りながらも添い乳を始めてしまった。その後も、やはり眠りが浅い長男。もしかしたら添い乳のせいかもと悩んだ。

そこで、次男から添い乳を封印。座って夜間授乳を頑張っていたのだけど、眠りの浅い長男との年子育児ではうまくいかないことも多く疲労も限界。結局、次男も添い乳をしてしまった。

ところが、添い乳でも次男はよく寝てくれた。結局のところ、**添い乳で眠りが浅くなるかどうかは「その子次第」**だと思う。

逆に、私は添い乳のおかげで大変な年子育児を乗りきれたともいえる。授乳と寝かしつけが同時にでき、布団に寝かせたとたんに子どもが泣きだす「背中スイッチ」のリスクもないからだ。

ただし、**寝ているあいだに赤ちゃんに覆いかぶさらないようにする**ことだけは気をつけたい。

添い乳はけっして「悪」ではない

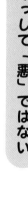

「3時間おき授乳」のホント!?

赤ちゃんが産まれると、早朝でも夜中でも「3時間おき授乳」が始まる。

じゃあ、**あいだの3時間はまるまる寝られるの?**というとそうじゃない。

授乳を始めた瞬間から、カウントダウン開始。慣れないうちは、授乳が終わるまで1時間以上かかることもある。その後ゲップがなかなか出なかったり、オムツを替えたと思ったら、すぐウンチ、吐き戻してお洋服を着替えさせ、なかなか寝てくれなくてずっと抱っこ……。

そうこうしていると、**また次の授乳時間がきてしまう**なんてことも珍しくない。

結論

2時間寝られたらマシなほう

Part 3

ねんね編

赤ちゃんがこんなに寝ないなんて……。
寝るのが大好きだった私は、
母親になって人生初の
慢性的な寝不足生活を経験する。
朝まで寝てくれる日を夢見続けた、
母と子どもと睡眠の話をご紹介します。

母はいつでも睡眠不足
ぐい〜
びろ〜ん

赤ちゃん、いつになったら朝まで寝るの？

「成長とともに昼夜の区別がついて夜まとまって寝るようになる」——よくある育児書にはそう書いてあった。しかし、うちの長男は寝返りやハイハイ、あんよが始まっても夜中30分〜1時間おきに泣いて起きた。

育児書と照らしあわせながら朝まで寝る日を待ち続ける。断乳したら、スイミングをしたら、外でいっぱい遊ばせた日こそ……ことあるごとに希望をもつが、**結局、幼稚園に入るまでその日はこなかった。**

私が約3年間という長い期間の寝不足を耐え抜いた秘訣は「**無理をしないこと**」。夜中あまり寝られなかった次の日は家事を手抜きして、朝でも昼でも寝られるときに寝た。

育児書通りに寝てくれず、病気では？と心配したこともあったが、子どもの睡眠時間も人それぞれ。「**寝ないも個性**」と思うと、気持ちが少し楽になった。

子どもの生活リズムに合わせよう

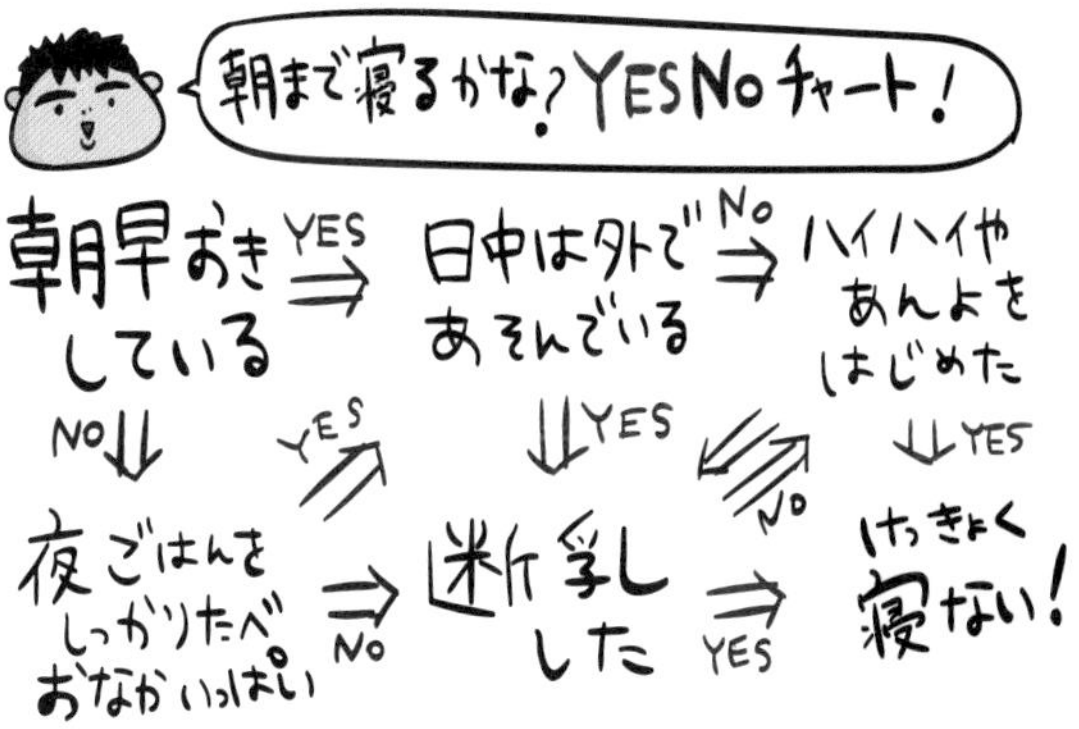
朝まで寝るかな？YES Noチャート！
朝早おきしている
YES
日中は外であそんでいる
NO
ハイハイやあんよをはじめた
NO
YES
YES
NO
YES
夜ごはんをしっかりたべおなかいっぱい
NO
断乳した
YES
けっきょく寝ない！

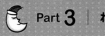

夜9時には絶対寝かしつけたいのに！

もう9時！ 寝かさなくちゃ！ 子どもには何がなんでも規則正しい生活！
とはいっても寝る気配ないな
ギこ ギこ
まだやることあるのに早く寝てほしいよ〜
2時間後……
ガクッ
スヤァ
やっと寝た。結局もうこんな時間だし疲れた…
眠くない日もあるもんね。眠くなるまで待ちながら先に家事をすませよう
たまには 寝かしつけを あきらめてみよう

子どもには規則正しい生活をさせなければ。そう思い、夜の9時になったら布団に入って寝かしつける。しかし、ウロウロしたり遊んでみたり、いつまでたっても寝る気配はない。早く寝かせたいのに寝てくれないし、夕飯の片づけや洗濯物も山積みでついイライラ。結局寝かしつけに2時間もかかったなんて日もあった。

何がなんでも絶対に9時に寝かさなければ、という責任感がそうさせるのかもしれない。しかし、逆の立場になって考えてみると、眠くないのに寝ろと言われても寝られるわけがない。

そんなときは「**寝かしつけをあきらめる**」という選択肢があることを忘れないでほしい。眠くなるまでとことん遊ばせてもいいし、先に家事を片づけてしまってもいい。**一日くらい夜寝るのが遅くなったからといって成長に大きな影響はない。**それより、イライラした気持ちで過ごすほうがお互いにとっていいとはいえない。

ときには寝かしつけをあきらめてもいい

ギンギン
まだ洗たくも
食器もかたづけてない。
やらなきゃいけないこと
たくさんあるのに……
スヤァ…（寝おち）

寝かしつけの敵。恐怖のモロー反射

寝かしつけ完了！ ぐっすり寝てるみたいね
スヤァ
モロー反射だ！
ビクッ
置いたらモロー反射でまた起きちゃうし一晩中抱っこー……
ふら ふら
モロー反射が怖いよー！
次男が産まれ……
モロー反射かわいい！
ビクッ
肩の力を抜くと育児ってもっと楽しい
んっ

スヤスヤ寝ているかと思えば、突然驚いたように両手を広げ大きな声で泣きだした。これはモロー反射だ。育児書を読んで知っていたが、はじめて見たときは驚いた。その後、再び寝かすが、またモロー反射で起きてしまい、一晩中抱っこして夜を明かした。

モロー反射に怯えながら日中は寝られるときに少しでも寝て、夜中はモロー反射が起きないよう抱っこして徹夜。長男が新生児のあいだはこんな毎日だったので、いつしか**モロー反射を恐怖に感じていた。**

その1年半後、次男が産まれ、同じようにモロー反射をしたが、恐怖はなかった。その代わり、不思議な行動のかわいらしさと、生まれたばかりの頃の長男への懐かしさを感じた。

モロー反射も数か月限定のかわいい仕草。当時は寝不足で余裕もなく、不安ばかりで育児を楽しめていなかったと今なら思う。それと同時に、育児ってもっと肩の力を抜いていいんだと思えた。

動画に残しておけばよかった……

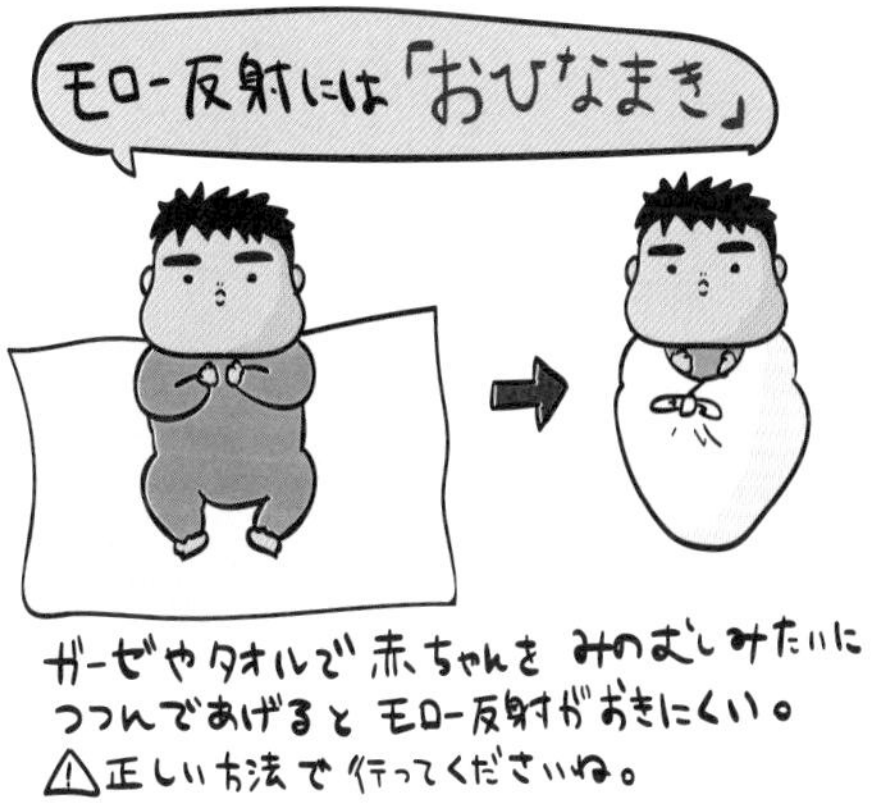
モロー反射には「おひなまき」
ガーゼやタオルで赤ちゃんをみのむしみたいにつつんであげるとモロー反射がおきにくい。
⚠正しい方法で行ってくださいね。

https://tocochan.jp/contents/handbook/ohina.php

寝かしつけのトントンのコツ？

さあ、ねんねしようね〜
優しく一定のリズムで、心臓の鼓動をイメージしてトントンするぞ
一定のリズムって意外と難しいな。だんだん早くなっちゃう
トン
トン
トン
トン
トン
てか心臓の鼓動って自分の？子どもの？どっちだろう？
ガン見
じっ
セオリー通りトントンしてるのに全然寝ない！
次男が産まれ…
パパンパン
パッパン
パパッパーンッ
スャ？
これでよく寝られるなと思う

優しく一定のリズムで、心臓の鼓動と合わせながら。セオリー通りにトントンするが、長男はいつまでたっても寝てくれない。

次男が産まれ心に少し余裕ができた頃、**寝かしつけのトントンのリズムにこだわることをやめてみた。**抱っこしながらリズムに乗ってステップを踏み、赤子の尻を太鼓に見立ててビートを刻む。だんだん自分も楽しくなってきた頃、ふと子どもの顔を見ると、いつのまにかぐっすり寝ていて驚いた。

長男のときは、同じリズムでトントンしなければと思うあまり、体がガチガチになり、緊張感が伝わっていたように思う。

何をしても寝ないときもあるが、あえてトントンのコツを言うならば、**自分自身の心が穏やかであることが大切なのかもしれない。**

ついでにスクワットして産後太りも解消!
スヤスヤ
トン
トン
プルプル

誰かのやりかたにとらわれず、自由に穏やかな心で

寝かしつけの敵は身内にいた！

起こしたら責任もって寝かすように

苦労してやっと寝かしつけが終わり、ついに自分の時間がやってきた。何をしようか、解放感に胸を躍らせていると玄関のほうから鍵が開く音が聞こえてきた。どうやら夫が仕事から帰ってきたのだが……。

「ガチャッ……バタン！　ドンドンガンッ！　へーくしゅんっ！」

しんと静まり返った家にデリカシーのない音が鳴り響く。その瞬間、さっきまですやすや寝ていた子どもが泣いて起きてしまった。せっかく苦労して寝かしつけたのに、またやり直し。そして自由時間は今日も消え去っていくのだった。

どうか、世のダンナ様にお願いしたい。帰ってくるときはなるべく物音をたてず、子どもがかわいくても絶対に起こさないでほしい。**寝かしつけは単純作業に見えるが、実はそうではない。**何時間もずっと抱っこで立ちっぱなしの日や、いざ寝たと思ってベッドに置いたら泣いてまたやりなおしなんて日もざらにある。そんな試行錯誤の毎日を積み重ねていることを、玄関のドアを開ける前にぜひ思いだしてほしい。

「背中スイッチ」のホント!?

苦労して寝かしつけた赤ちゃん。なのに布団に置いた瞬間泣きだしてしまう。どうやら「背中スイッチ」が発動したようだ。長男も例外でなく背中スイッチが必ず発動してしまうので、抱っこでゆらゆらして寝かした後、腕枕しながら添い寝する作戦をしてみた。

すると背中スイッチ対策は成功！　しかし、今度は腕を抜いた瞬間泣きだす「**首根っこ温感センサー**」が発動。敏感すぎて一晩中離れることができなかった。

一方、次男と三男は背中スイッチが鈍感で、適当に布団に置いても起きなかった。いろんなパターンがあるんだなと実感した。

結論

センサーもいずれ鈍くなる

秘技「抱っこしてますよ作戦！」

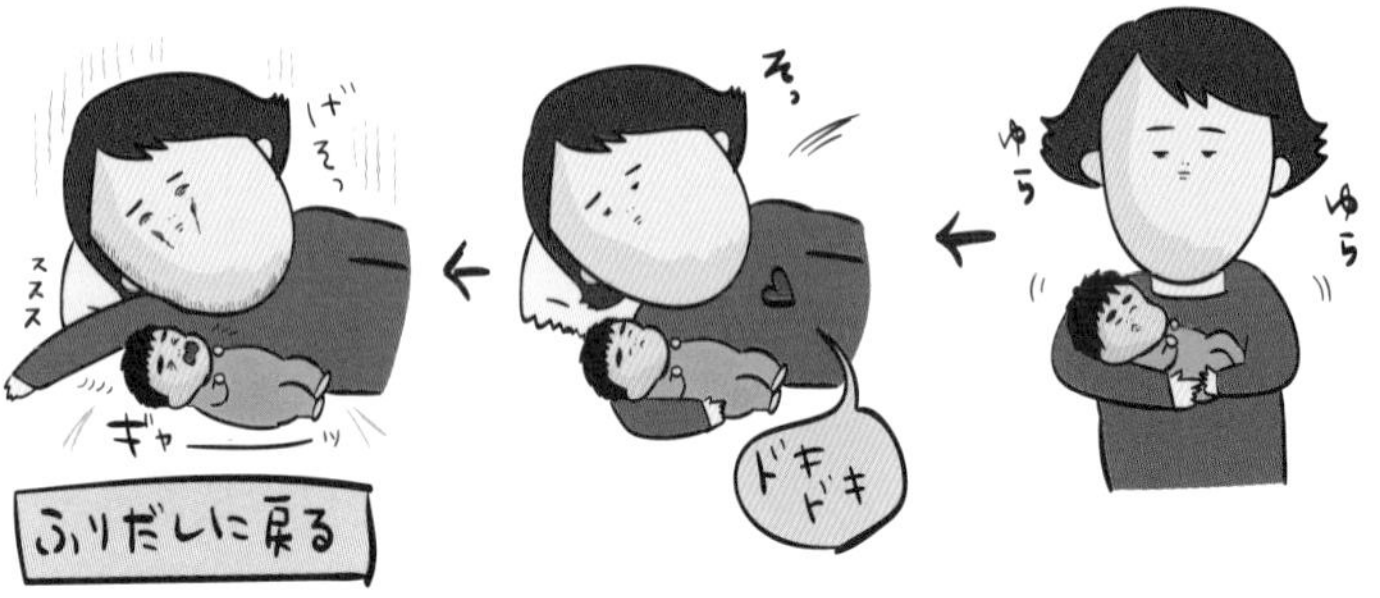

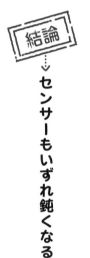

Part 4

離乳食編

大人になるとつい食べすぎてしまうのに、
赤ちゃんというのは、
どうしてまぁこんなにも食べないものか。
はじめての離乳食vs全然食べない赤ちゃん。
離乳食に奮闘した経験談を
ありのままにご紹介します。

食べてるのか
塗りたくってるのか
ドロドロ

はじめての離乳食、全然食べてくれない！

はじめての離乳食。かわいいわが子においしいゴハンを食べさせたい！　心を込めて時間をかけて作ったちょっとの量の愛の塊。**それが一瞬でぐちゃぐちゃに汚されるだけの末路をたどるのが離乳食のスタートだ。**

もちろん、はじめからパクパク食べてくれる子もいるが、食べない子は何をしても食べない。ちゃんと成長するのかと心配になることもあった。

しかし、離乳食初期は「食べる練習段階」だから食べなくても大丈夫。ミルクや母乳をしっかり飲んでいるなら心配しすぎる必要はない。

はじめて離乳食を食べさせるとき、期待しすぎると食べなかったときに落ち込むので、

「どうせ食べない」

くらいの心構えで丁度いい。

食べたらラッキーくらいの気持ちで

離乳食の3T!

スプーンに興味あるみたい。自分で食べたいのかな?
じっ
①つかむ
あっ
ガシッ
②とばす
ぶんっ
③たべない!
ドロドロ
ガク

離乳食は食べたらラッキー♪　わかっちゃいるけど食べてほしいのが親心。ありとあらゆる方法で食べさせようと試みる。

例えばスプーン。離乳食のスプーンに興味を示すもんだから、食べる意欲を育てようと好きにさせてみる。するとスプーンをつかんで振り回し、離乳食をあちらこちらに飛ばし放題。そして結局食べないという**「つかむ・飛ばす・食べない」**の3Tをおみまいされてしまった。そのとき改めて気づかされる。

「やっぱ離乳食、食べねえわ」

そして慣れた手つきで汚れた床とテーブルを拭き、髪の毛から足の先までドロドロになったわが子をシャワーするのが日課になった。

食べない子は何をしても食べない！

栄養……足りているの？

今日も食べてくれない……
イヤアアアアアッ
にっこにこ
バナナ食べてるときだけ嬉しそうだな～
お猿さんに見えてきたわ
そして現在……
おなかスイタッ
ギャァァァァッ
ごはん早くつくって!!
ハイハイ
食べない頃が懐かしい！

食べないものは食べない。そうはいっても成長につれて、離乳食が2回食・3回食と増えて授乳回数が減ってくると、栄養が足りているのか本格的に心配になる。わが家の長男も本当に食べない子で悩んでいたが、必ず食べてくれるものが一つだけあった。**それがバナナ！**

バナナだけは必ず食べてくれるので家にはつねにバナナがあった。バナナを美味しそうに頬張るわが子を見ていると、赤ちゃんを育てているのかサルを育てているのかわからなくなってきた。

偏食・少食も一時期の悩みなのであまり深刻になる必要はない。大きくなれば「お腹空いた！　ご飯まだ？」の大合唱にまた頭を悩ませるから。

主食がバナナの時期もある

バナナで釣ってごはんたべさせた
サッ
あれっ？
たまにバレる

オカンMEMO

幼稚園や保育園で友だちとご飯を食べるようになると、食べられるものが自然と増える子が多い。それまでは偏食があって当たり前くらいに思ってストレスを溜めないで。

「手づかみ食べ」の失敗談！

なになに？手づかみ食べで意欲を育てるといいのか～
はじめての離乳食
どろ
どろ
お粥手づかみは汚れるな。でも食べるようになるなら我慢……
そして次第にたくさん食べるようになった
もぐ
もぐ
これで一安心！
わしっ
それにしてもいつまで手で食べるんだろう

長男が離乳食を食べない時期に、私はとある情報を耳にした。それは、「手づかみ食べをさせることで食に対する意欲が増す」といった内容だった。

当時、長男の少食・偏食で悩んでいた私は早速手づかみ食べを実践した。それもまだドロドロのお粥の段階での試みだった。

手づかみ食べを実践したおかげなのか、はたまた成長したからなのか、次第によく食べるようになった長男。しかし、何を食べるにも全部手づかみ。白米もカレーも手づかみだった。その姿に**「アンタはインド人か」**と心の中で思わずツッコんだ。

手で食べやすいものを作って自分で食べたい意欲を育てるのはいいけど、**何もドロドロの離乳食の時期からさせなくてもよかったと反省した。**食べさせたいと焦る気持ちが引き起こした出来事だった（今は上手にお箸も使えるようになっています）。

焦らなくてもいつか食べるようになる

離乳食を攻略する秘訣とは？

味覚を育てるため、手作り・自然素材・無農薬にこだわり
もちろんおダシも自家製です
ダシってかただのお湯？
?
ゴリゴリゴリ
裏ごし時間かかるー！
ツカレタ。。。。。
頑張って作っても食べないし離乳食大変すぎてもう無理ーっ！
ガクッ
大変な離乳食は気合を入れすぎずのりきりましょう！
市販のベビーフード＆調味料
だしの素
うらごしはハンドブレンダーで時短！
みそしるの具
大人のゴハンとりわけ
手抜き大事！

離乳食についていろいろ書いてきたけど、結局のところどうやったらこの時期を乗りきることができるのだろうか。実は秘訣がある。それは「**気合を入れすぎないこと**」。

無農薬のちょっと高い野菜を天然水でゆでて丁寧に裏ごし、おダシはもちろんカツオと昆布から煮だして時間をかけてコトコト……とかやって一口も食べてくれずドロドロに汚された日には立ち直れなくなる。料理が好きでこだわりたい人はいいけど、苦手な人は無理にする必要はない。

味噌汁の具をちょっと分けたり、裏ごしはハンドブレンダーで時短。市販のベビーフードや調味料に頼るのもいい（ベビーフードのほうがよく食べたりするしね……）。

マラソンと同じで、最初から全力疾走すると最後まで体力がもたない。**無理せず、気合を入れすぎず、食べなくても落ち込まないくらい**の力の入れ具合が、離乳食期を乗りきる秘訣だと思う。

秘訣は「気合を入れすぎないこと」

オカンMEMO

裏ごし作業はハンドブレンダーがオススメ。お粥もあっという間に滑らかになります。離乳食用なら一番シンプルな機能のものでも十分大活躍します。

ズボラでもできる！　簡単離乳食レシピ

一日三食もあるのに、毎回離乳食を作っていたら大変すぎてやっていけない。そんなときは、いっぺんに作って冷凍保存しておくのがオススメ。というわけで、筆者ブログでも話題になった**「離乳食ストックの作りかた」**をご紹介。

少々荒っぽいところもあるけど、製氷皿や小分け用タッパーもいらないので、洗い物が少なくてラクチン。また、複数の野菜をいっぺんにゆでるので時短にもなり、ゆで汁も美味しいスープとして使える。

一日中抱っこや後追い。ただでさえ大変な毎日なのに、さらに離乳食作りに時間を取られてしまったら一日が24時間では足りなくなってくる。

離乳食作りを時短できたら、自分の時間や家族と過ごす時間が増える。

「ズボラ」は、時間を有効活用するための知恵に変わるときもある。

簡単・洗いものが少ない・早い ズボラ離乳食講座

①一番大きな鍋に6〜7分めまで水を入れて火にかける。

②好きな野菜を薄く大きめに切り、火の通りにくい物から順に入れる。

③柔らかくなったものから、食べやすい大きさにブレンダーで粉砕。

④冷凍OKなジッパー付き袋になるべく薄〜く広げて冷凍保存。

⑤食べるときはめん棒で好きな大きさに叩き割る（袋が破れないよう注意）。

⑥お好みの冷凍ストックを好きに組みあわせて電子レンジでチン。

「コップ飲み」のホント!?

哺乳瓶やスパウトタイプのベビーマグから水分を摂っていた赤ちゃん。いつになったらコップで飲めるようになるのだろう?

長男はスパウトから練習開始。その後、ゴハンのたびに練習を重ねてコップ飲みができるようになった。

ところが、三男はいつのまにかコップで飲めるように。どうしてだろうと考えてみると、お風呂場に置いてあった**オモチャのコップを使って一人で練習していた**のを思いだした。兄の姿を見よう見まねで覚える姿にたくましさを感じた(でもお風呂のお湯は飲まないでね)。

結論

弟は兄の姿を見て育つ

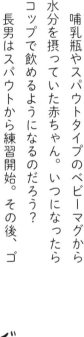

Part 5

生活編

生きていくためには、寝食以外にも
やらなければいけないことがたくさん。
お風呂に洗濯、お買い物。
一人だったらスムーズにできることも、
赤ちゃんと一緒だと大変さは倍以上。
そんな赤ちゃんと生活に関する話をご紹介します。

風呂に入ると
オッサン化

沐浴ってややこしくて難しい？

今日はパパがお風呂に入れてあげるね♪
教えるわ！
はじめての育児
違う！　そこじゃなくてまずは顔から洗うの！
え、
はじめての育児
背中を洗うときはこうやってひっくり返して
だからそうじゃなくて……
そんなに言うなら自分でして！
そ
グイッ

赤ちゃんのお世話の一つに沐浴がある。よくある育児書で沐浴の方法を見ると、お湯の温度や洗いかた、洗う順番など気をつけることがいっぱいで覚えるのも大変だった。

長男が産まれたとき、夫が沐浴をしてくれることになったので、私は育児書にのっている洗いかたを夫が一つも間違えないよう隣で指示した。するとあまりにも口うるさかったから**「そんなに言うなら自分でして！」**と言われてしまった。確かに、やることなすことすべて隣で指示されたら、そう言いたくもなるよね。

育児書にのっている内容は一つの方法であって、必ずその通りにしなければいけないわけではない。

沐浴の目的は「赤ちゃんが気持ちよく、キレイになること」。それが達成されれば難しく考えすぎなくていい。それ以後、伝えかたに気をつけるようにしたら、夫がまた沐浴をしてくれるようになった。

赤ちゃんが気持ちよくてキレイになればオッケー♪

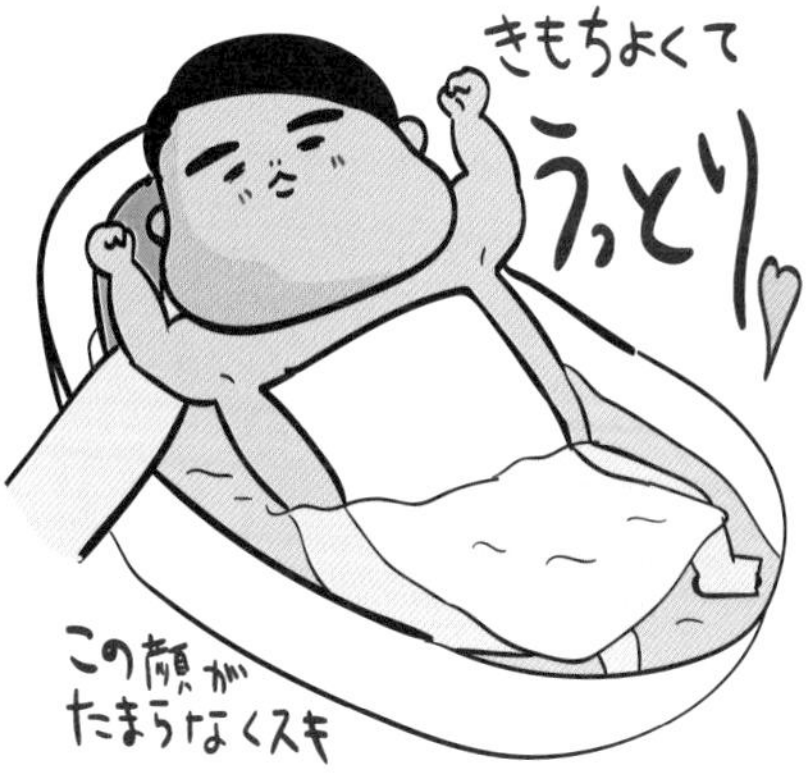
きもちよくて
うっとり
この顔がたまらなくスキ

ワンオペ育児のお風呂事情

1か月検診を終えると、ついに大人と同じお風呂に入ることができる。沐浴で筋肉痛になるのも今日で終わりだ、楽になるぞ♪と思いきや、まだまだ親の試練は続く。

夫がいないワンオペお風呂は想像以上に忙しい。赤ちゃんをお風呂に入れるため服を脱がすとレース開始。赤ちゃんがのぼせないようにさっと一緒に湯船につかったら、バスチェアに座らせて丁寧に赤ちゃんを洗う。その一方で、自分自身は光の速さで洗う。お風呂から出れば、風邪をひかすまいと慌ててタオルで大事にくるんで、保湿クリームを丁寧に塗って、ボタンがいっぱいの着せにくい服を着せてほっと一安心。

ここまで、親はビショビショ全裸スタイルがデフォルトだ。

私も最初はそうしていたが、何でもかんでも赤ちゃん最優先で、自分ばっかり犠牲にしなくてもいい！ そう思って、三男が産まれてからパンツだけは先に履くようにしている。

風邪をひかないよう気をつけて

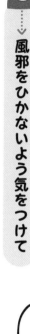

少しの工夫でストレス軽減

ストレス軽減の工夫をしよう！

赤ちゃんのお世話、思い通りになることのほうが少なくてついイライラしてしまうことも。そんなときは少しの工夫でストレスを軽減することができる。

例えば、離乳食を食べさせるとドロドロに汚れて洗濯が大変。それならと最初から汚れてもいい服や、シミが目立たない濃い色の服を着せてみた。**単純なことだけど、これだけで汚れることがストレスじゃなくなった。**

また、寝返りが始まるとオムツ替えにも時間がかかってストレス。そこで、テープからパンツタイプにしてみると動いても履かせやすくて楽になった。

ストレスはどんなに小さなものでも、積み重なれば大きくなって自分にのしかかる。少しの工夫が小さなストレスを減らして、毎日を楽しく快適にしてくれた。

☆オススメ お食事スタイル☆
ソデ＆ポケットつき エプロン
黒いTシャツ
裸
夏限定

ハードルの高い0歳児とのおでかけ!

赤ちゃんと一緒に外出できるようになると、おでかけも一段と楽しくなる♡　その一方で近所のスーパーに行くだけなのに一苦労なんてことも。

まず荷物の多さ！　赤ちゃんの着替えにオムツ、お尻拭き、ぐずったとき用のオモチャや抱っこ紐。長時間のおでかけならミルクや離乳食も必要になってカバンはズッシリ。さらにでかける準備をしている最中にぐずりだしたり、さあ行くぞ！と玄関を出た瞬間にウンチをしてまた家に逆戻りしたり……。そんなことをしていたら次の授乳時間がきてしまい、**おでかけをあきらめた日もあった。**

家から出られても、外で大泣きされては買い物ができずにとんぼ返り。動物園に行けば到着したとたんに夢の中。思い通りにいかない0歳児とのおでかけ。

しかし、**回数を重ねるうちに要領もつかめるようになるし、成長とともにハードルも下がってくる。**大丈夫！　楽しくおでかけできる日が必ずやってくるから。

慣れと成長がおでかけをラクにしてくれる

オカンMEMO

買い物に行くのも大変な時期は、ネットスーパーがオススメ。また、かさばるオムツや重い物は、最初からネット通販で注文するなど便利なものを上手に活用しよう。

赤ちゃんの好きなオモチャは？

子どもを産んでから、赤ちゃん用品店に行くことが増えた。すると、ついつい目に入るのは色とりどりの赤ちゃん用のオモチャ。わが子の喜ぶ顔が見たい、その一心で様々なオモチャを買ってきた。だけど……

「全然オモチャで遊ばねえ」

かわいらしいガラガラを持たせても数秒で放り投げてしまうくせに、そこらへんに置きっぱなしのスマホやリモコンは夢中になって触ったり舐めたりする（しかも、水没するほどのよだれ）。ほかにもゴミ箱をひっくり返して中を探ったり、ティッシュを全部出しちゃったりと、まあ大変。

気になるものはいつも、親の触ってほしくないものばかり。けど、親の思うようにいかないのはいつものこと。誤飲の恐れがあるものだけは気をつけて、それ以外だったら、子どもの好奇心が育っているんだ、と前向きに考えよう。

わかってるのにオモチャ買っちゃうのよね

赤ちゃんが気になるもの
オモチャで あそばねぇ……
ゴミ
ばっちぃ物
リモコン・スマホ
ティッシュ

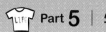

「服選び」のホント!?

首が座っていないうちは、上から下までボタンで開閉できるロンパースがとっても便利。だけど、首が座ったらすぐにでもボタンなしタイプを新調するのがオススメ。その理由はただ一つ。

「ボタンがめんどくせぇぇぇぇっ!」

機嫌が悪くてギャン泣きしていたり、だんだん活発になってじっとしていなくなったりすると、ちまちま一つずつボタンを閉じるなんて、手間取ってとにかく面倒。ボタンを掛け違えてズレてしまったり、しまいには股の部分のボタンはつねに開きっぱなし……。ボタンのない服は、本当にラクだと思う。

結論

ボタンめんどくさい

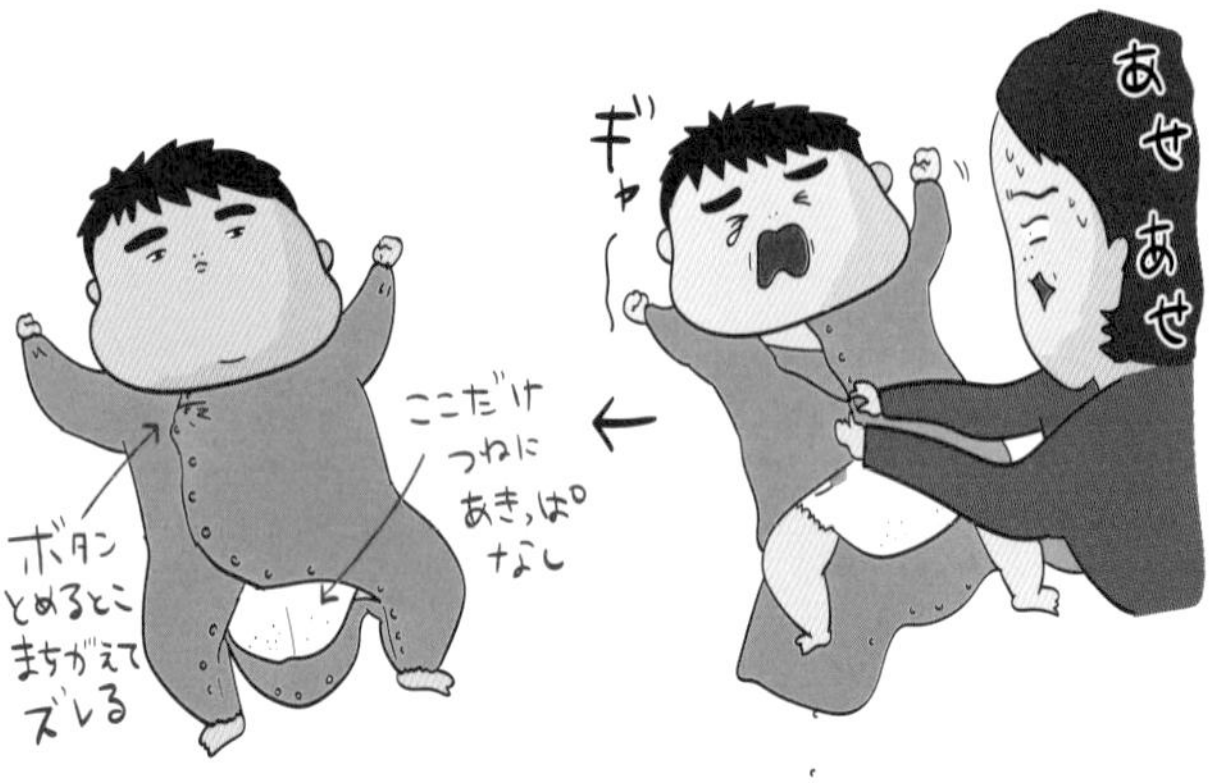

あせあせ
ギャ〜
ここだけ
つねに
あきっぱ
なし
ボタン
とめるとこ
まちがえて
ズレる

Part
6

母の心編

一人の女性から「母」になると、世界がひっくり返ったのかと思うくらい、景色はガラリと変わる。そんなことなど、つゆ知らず。突然の激しい変化に心がついていけず、戸惑っていた当時の私。母になってはじめて知った、心の変化をご紹介します。

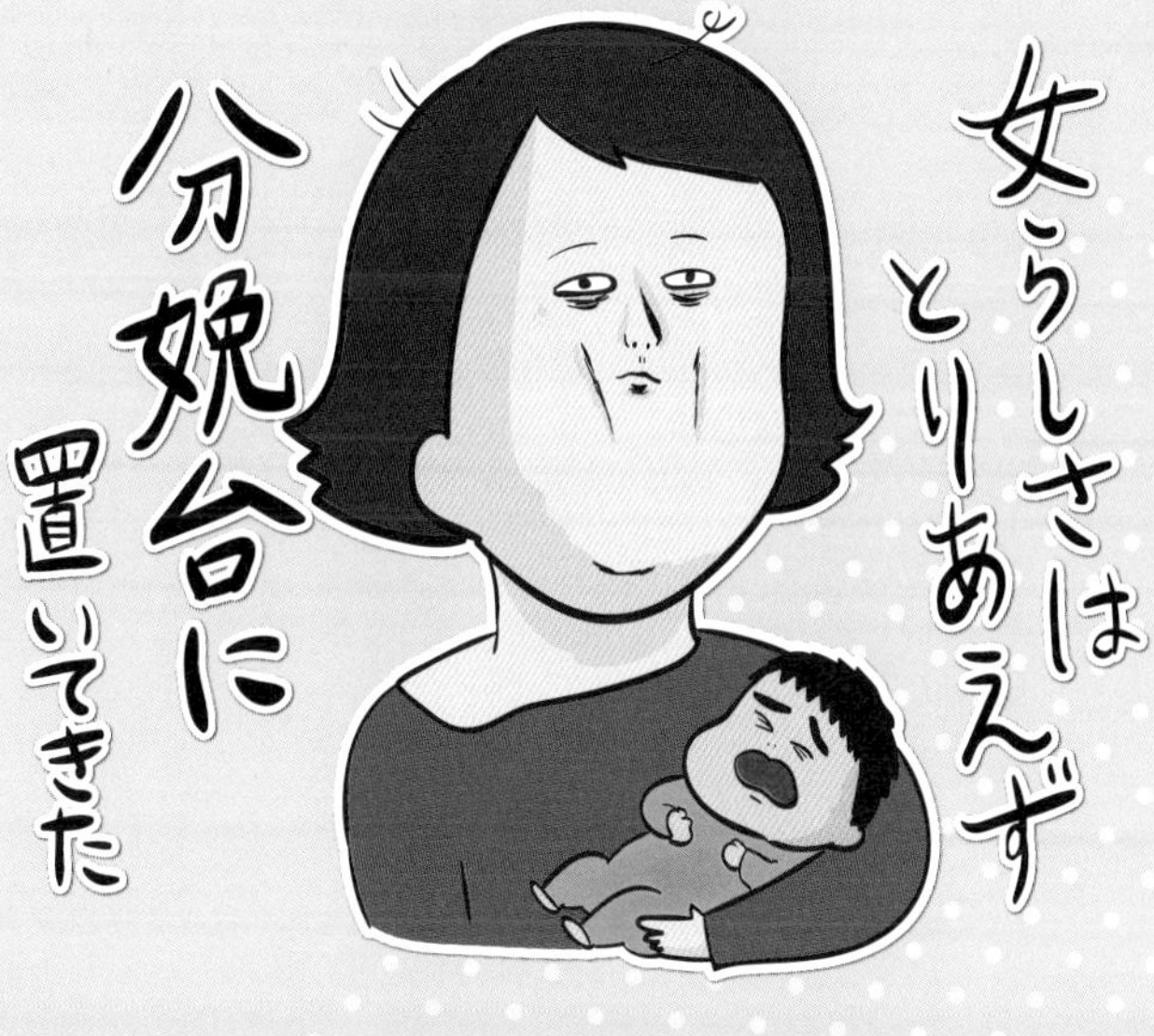
女らしさは
とりあえず
分娩台に
置いてきた

自由よ、どこへ消えた？

友人の結婚式♪久しぶりに一人で体が軽い！
ひきちぎられる心配ないからアクセサリー
持ちもの小さいカバンだけ
めくられないからスカート
ヒール
二次会行く人！
男子
はーい
←女友達
みんな自由でいいな……
好きな所へ行って好きなことする。そんなのもうできないな
タダイマ…
えっ！もしかして寂しかったの？
ギャアアアアアアッ
セルフ授乳とは
説明しよう！
子が母の乳をかってに吸う、いわばドリンクバーのような状態をいうのだ！
バッ
お腹が空いていただけでした

今日は友人の結婚式♡　実家に子どもを預けて参加することになった。荷物は少ない、体も軽い。久しぶりの一人の時間に心は踊った。しかし、結婚式が終わったとき「二次会行く人！」と声が上がり、独身の友人たちは全員参加。私は子どもが待っているので参加するわけにもいかず帰宅した。

出産してから生活は一変した。好きな時間に、好きな所へ行って、好きなことをする。そんなこと、子どもが産まれたらできない。自由を楽しむ友人がまぶしく見えた。

喪失感を感じながら帰宅すると、長男が私の顔を見るなり泣いてすりよってきた。寂しかった気持ちがあふれだしたようだ。そのとき思った。

「これ以上の幸せってないよなぁ」

お酒も飲みたいし、二次会にも行きたいし、自由もほしいけど、わが子がいるのが一番の幸せ。大切なことをすっかり忘れていた……。

って目的は乳かい！

お腹が空いてたのね。それも幸せ……

社会からとりのこされてる？

今日もほとんど何もせず終わってしまった
寝て起きてご飯食べてお世話してまた寝て……何の生産性もなく同じことの繰り返し……
うつうつうつうつ
仕事をやめて収入をなくした私はなんのために存在しているんだろう
なんだか社会からとりのこされている気がしてすごく不安……
不安にならなくて大丈夫。大切な子どもの命を守っているだけで立派なんだからね
今の私

一日中家で赤ちゃんと私の二人きり。毎日、同じ育児と家事の繰り返しに、こんな不安におそわれるときがある。

「私……社会からとりのこされてる？」

妊娠を機に仕事をやめて外の社会にふれる機会は激減。引きこもりがちで一日中誰とも話さず、自分だけ社会からとりのこされている錯覚におちいるのは無理もない。ときには、収入がなく何の生産性もない自分に、漠然とした不安を感じることもあった。
もし同じようにそんな不安にかられている人がいたら安心してほしい。

「次の世代をになう子どもたちを育てているだけで、あなたは立派！」

ちょっと目を離すだけで危うい行動をする赤子の命を守っている。それだけで立派だし、社会に貢献している。当時不安で一杯だった自分に会えるなら、そう言ってあげたい。

命を守ってるだけで立派！

小さいものの口に入れる
不安定なところにのる
電気のコードひっぱる
目がはなせない！

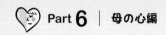

女らしさはどこへ行った？

手作りパンとカフェ風離乳食プレート作った♪この後ママ友とランチ♪
いいね　125件
オシャレな生活してるな〜
ハア
その一方で私ときたら
げそ
一日中パジャマにスッピンでボサボサ。引きこもりがちで女らしさ皆無な生活……
まぁいっか
今は一秒でも寝ていたいの

出産前はおしゃれが大好きだった。しかし、産後は一日中パジャマにどスッピン。髪の毛もボサボサでおしゃれとはほど遠い姿となった。

育児のあいまにＳＮＳをのぞいては、キラキラ輝くおしゃれママを見て落ち込む、という自虐的なこともよくやった。

だけど、今なら思う。

「産後なんてみんな一緒だよ！」

みんなはじめての育児で必死だし、自分の身なりまで気にしてるヒマないんだよ！　そんな時間あったら少しでも寝たい！　そしてＳＮＳで輝くママさんも、普段はきっとスッピンでボサボサなのだよ（そう信じている）。

女らしさは外出のときだけ思いだす

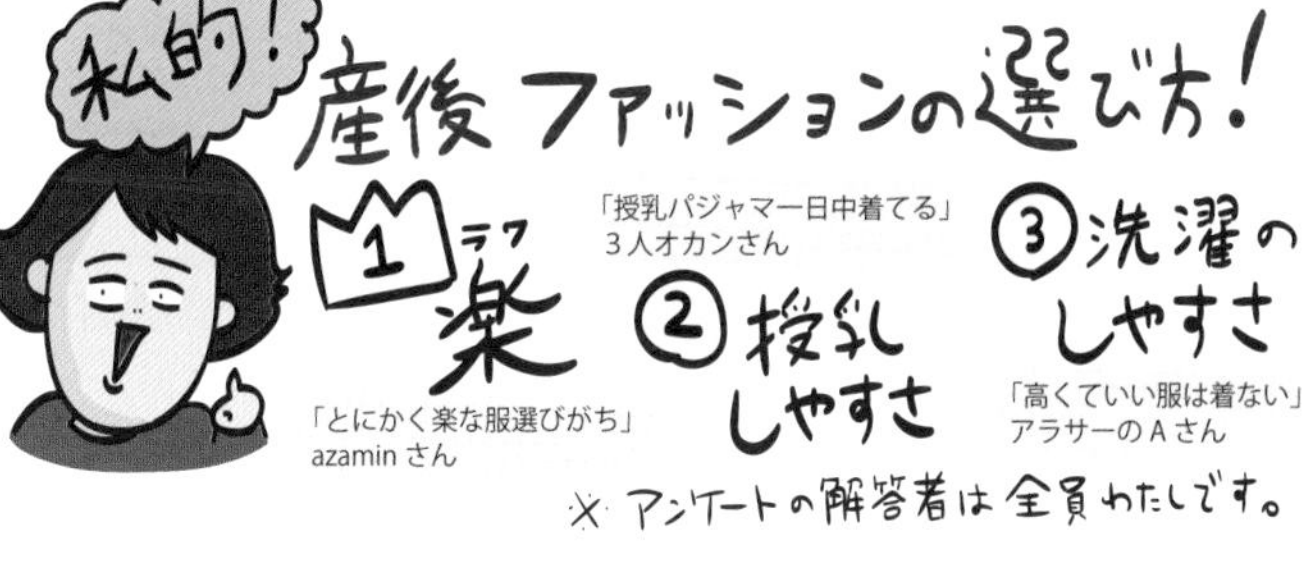
私的！
産後ファッションの選び方！
1 楽《ラク》
「とにかく楽な服選びがち」
azamin さん
② 授乳しやすさ
「授乳パジャマ一日中着てる」
３人オカンさん
③ 洗濯のしやすさ
「高くていい服は着ない」
アラサーのＡさん
※アンケートの解答者は全員わたしです。

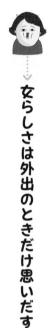

自分だけ「母」になる

学生時代の友人とランチに来た
ぐずったから授乳室行ってくる
いってらっしゃい
ゆっくりでいいよー
2人ともバリバリ働いててまぶしいな。子どものお世話で会話のテンポもズレるし……昔には戻れないか
このあいだ会社でこんなことがあって…
わかるそれー!!
今度いちご狩り行こ。子どももよろこぶやろ
行く!嬉しい
それぞれの頑張る場所が変わっただけで中身は昔のまま

頑張っている場所が変わっただけで中身は変わらない

長男を出産したのは私が24歳のとき。まわりの友人よりも一足早くお母さんになった。出産後も仲のいい友だちと会う機会はあったのだが、私だけ幼い子どもを連れての参加。すると、話している途中で子どもがぐずったら、オムツを替えたり、授乳をしに席を立ったりと、会話のテンポにズレが生じるようになった。遅れて会話に戻れば、バリバリ仕事をしている友人と自分を比べてしまい、なんとなく引け目を感じることもあった。

友人は何も悪くないし、昔と同じように接してくれている。それなのに、なぜだか自分だけ置いてけぼりになっている気がして寂しかった。

妊娠・出産を経て身の回りの環境が変わり、最初はその急激な変化に自分の気持ちがついていけてなかっただけ。今はもう、引け目を感じることもない。それは、頑張っている場所が変わっただけだと気づいたからだった。

今でも、その友人とは定期的に会っているし、昔と変わらず相談に乗ってくれたり支えたりしてくれる。そんな友人はかけがえのない一生の宝だ。

「母」は、一人でなんでもできて当たり前？

寝かしつけが全然できない……
フラ
フラ
私ってダメな母親なんだ
徹夜生活が1週間ほど続いた
寝たい……
ぽてり
今のうち少しでも寝ておいで
母親だからって一人で頑張らなくていいんだ
そうか、育児はみんなでするものだったのか！
パアアアアアッ
その後3か月ものあいだ実家に居座った（夫も）

赤ちゃんを産んだ瞬間、**誰もが母親の能力に目覚めると思っていた。**長男がまだ新生児だった頃、寝かしつけるため抱っこしてゆらゆらしたり授乳したり、あらゆる方法を試すも寝てくれず、徹夜の日々が続いた。母親なのに、わが子も寝かせてあげられないなんて……。自分がダメな母親だと感じた。

そんな生活が1週間ほど続いたある日。夫や両親に「夜が怖い。寝たい」と弱音を漏らした。すると、その晩の寝かしつけを代わってくれたり、日中に寝る時間をつくってくれた。

当時すべてを背負い込んでしまっていた私は、その重さに押しつぶされそうになっていた。しかし、**周りに助けてもらったことで一人で頑張らなくてもいいと知った。**

母親でも、授乳や抱っこのやりかた、わが子が泣いている理由さえわからない。

だから、一人で背負い込まず、勇気を出して助けを求めよう。子育てというのは、周りの助けなしでは成り立たないものだから。

育児は一人でするものではなく、みんなでするもの

オカンMEMO

身内に助けてくれる人がいない場合、市町村が運営する「産前・産後ヘルパー」や「ファミサポ」などの制度があります。詳しくはお住まいの市町村へお問いあわせください。

「ママ友」のホント!?

長男を出産した頃、近所にママ友が一人もいなかった私。子育て支援センターやスーパーにあるキッズスペースで、たまたま出会ったママさんとおしゃべりすることもあった。**だけど、連絡先を聞くことができず、そのまま二度と会えない……なんてことも。**近所の公園でよく会うおじいさんのほうが話が合ったりして、このままママ友が一人もできないかもって思っていた。

だけど、長男の幼稚園入園をきっかけに、自然とママ友ができた。こんなコミュ障な私でもママ友ができたんだから、今、ママ友ができなくて悩んでいる人も安心して。

結論

ママ友、いつか絶対できる

よくお会いしますねー
ジジ友できました
孫あずかっててね よくここくるんです

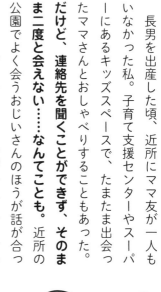

Part 7

第一子妊娠編

はじめての妊娠。
自分一人でも頼りないってのに
ちゃんとお母さんになれるのかな……。
不安と楽しみが入り混じった十月十日《とつきとおか》を
どんなふうに過ごして、どんなことが起こるのか。
長男を妊娠していた頃の話をご紹介します。

出てくる
気が
しない
しーーん….

歩きかたすらわからないはじめての妊娠

長男を妊娠した
赤ちゃんができた！ 嬉しい！
自分の中にもう一つ命が宿ってるのか〜♪
そろーり……
そろーり……
そろーり
うかれすぎて歩きかたすらおかしくなった妊娠超初期
そして三男を妊娠した頃……
ドシーン
ドシーン
いろいろとどっしりしてきました

体調がよければ普通に過ごしてオッケー

お腹の中にもう一つ命が宿った。

体調がいつもと違ったため、まさかと思い検査をすると、妊娠していることが発覚した。新しい命の誕生に心は幸せでふわふわ、気持ちはウキウキ♪　長男を妊娠した私は不思議な気持ちにつつまれていた。

そしてはじめての妊娠で歩きかたすらわからなくなり、なるべくお腹に振動を与えないようにと、そーっと忍び足。そんな必要などまったくないのに、右も左もわからない妊娠超初期の私はこんな感じだった。

その後、慣れてくると歩きかたもいつも通りに戻ったが、**妊娠中の日常はどこまでがよくて、どこからがダメなのかがわかりにくく、つねに緊張感につつまれていた。**

そんな私も、三男を妊娠した頃には、二人の幼い子を連れながらドシンドシンと地響きをならして歩くほどたくましくなっていた（体重も）。

つわりがない！　赤ちゃんは本当にいる？

妊娠したのに
つわりがない！
!?
なんで？
大丈夫なの？
まさか赤ちゃん
に何かあったん
じゃ……
しーん…
大きくなってますよ～
ほっ
つわりがなくて
検診で確認する
まで不安だった
お腹が出てき
て胎動を感じ
るようになると
不安はなくなっ
た。つわりも
悩みも人によっ
てみんな違う
ぽこ
ぽこ

なんとなく、いつもと体調が違う気がして発覚した妊娠。だけど、その後はいつもと変わらず元気だった。

妊娠といえば、つわりによる吐き気で妊娠に気づいて、その後もしばらくトイレとお友だち……そんなイメージだった。だけど、私の場合は吐き気も何もない。そんな日が続くと、ふと不安になるときがある。

「本当にお腹の中に赤ちゃんはいる?」

つわりがないけど、お腹の中の赤ちゃんは大丈夫なのだろうか。もしかして、いなくなってしまったのでは? 次の検診まで不安な日々を過ごしていた。そのうち、お腹が大きくなってきて胎動を感じるようになると、その不安も解消された。

つわりがあるかないかも人によって様々。また、三男を妊娠したときはつわりがあったので、妊娠ごとに体調は激しく異なることを知った。

つわりの症状は妊娠ごとに激しく異なる

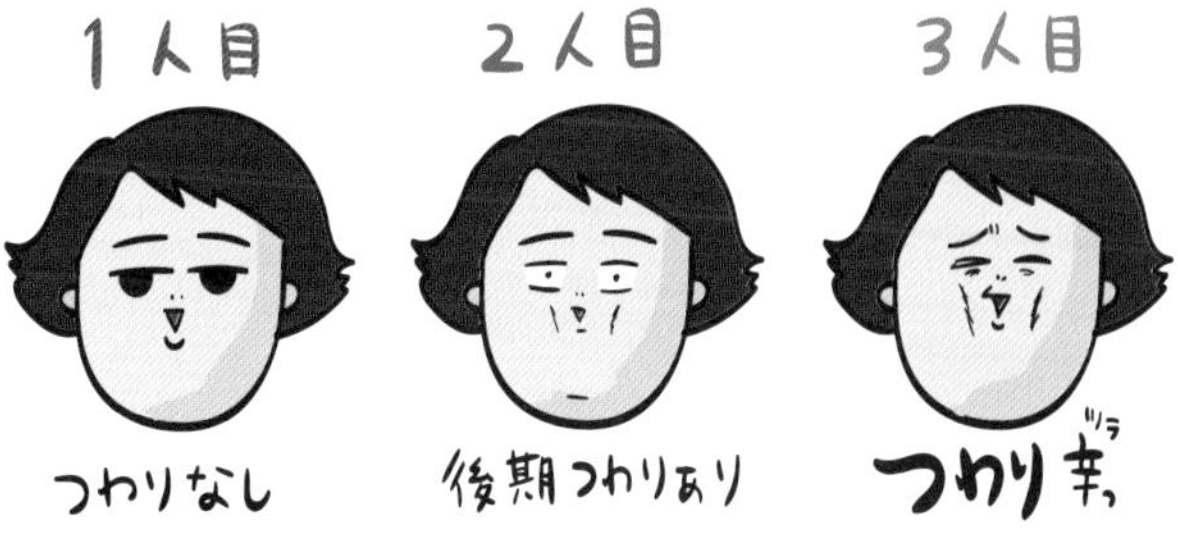
1人目
2人目
3人目
つわりなし
後期つわりあり
つわり辛《ツラ》っ

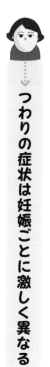

妊娠で過去最大の激太り！

パク
むしゃ むしゃ
もぐ もぐ
パク
妊娠してから食欲がすごい。やっぱ2人分お腹が減るんだな
って14キロも太ってる！ 過去最高の激太り！
これ本当に体重戻るの……？ まあ産んでから考えよう
そして産後……
一日中ぐずって頻回授乳&ずっと抱っこでゆっくり食事できない
骨盤矯正
体重戻ったー♪
って2人め妊娠した！
ふりだしに戻る

つわりがなかった私は、食欲のおもむくままに食べた。妊娠したら2人分お腹が減るのか食欲は大爆発！　その結果、臨月を迎えた頃には14キロも太っていた。

元々やせ型だったこともあり、産院からは体重管理について何も言われなかったのだが、**心の中では人生初の激太りに産後の自分はどうなるのだろうと恐ろしかった。**

結局、産後に骨盤矯正を受けたことや、赤ちゃんが一日中ぐずるのでゆっくり食事もできず、頻回授乳をしていたおかげか、数か月後には元の体重へと戻った。

妊娠すると体型は急激に変化し、体重も驚くほど増える。

もちろん、太りすぎは母子ともに健康が危ぶまれるから注意が必要だけど、激太りするのもマタニティライフのうちだと思えたらいいいかもしれない。

妊娠中はみんな太って当たり前

一日に何回も冷蔵庫あけがち
イテ
そしてドアがお腹にぶつかりがち

かゆい! ダルイ! 痛い! マイナートラブル

妊娠すると体型が変わるだけではありません
心身に様々なトラブルが起こる場合があります
これらはほんの一例で人によって症状は様々!
妊娠中のマイナートラブル
一例
・吐き気
・疲れやすい
・頭痛
・不安感
・不眠
・血圧の変化
・腰、背中などの痛み
・便秘、痔
・頻尿、尿もれ
・足のだるさ
・むくみ
・こむらがえり
・胸やけ
・胃の不快感
・貧血
・かゆみ
・おなかのハリ
・妊娠線
私もいろんな症状があり、その一つが胃もたれ
うっぷ
産婦人科の医師に胃薬をもらい少しマシになりました
でも一番の心の支えは夫の理解と協力! 大変な時期は夫婦で乗りきろう!
スーパー

妊娠初期に多くの人を悩ますつわりはなかったものの、妊娠中期を過ぎた頃から体に変化が現れ始めた。

まず1つめが「かゆみ」。体中かゆかったけど、日に日に大きくなっていくお腹は特にかゆかった。2つめが「だるさ」。私の場合、夜も眠れないほどふくらはぎがだるかった。3つめが「痛み」。妊娠後期でお腹がさらに大きくなってくると、腰や背中が痛くなって立っているのも寝ているのもツラかった。

その他にも日中の眠気、不安感、疲れやすい、夜中の頻尿、後期つわりによる胃の不快感や吐き気などもあった。

妊娠による急激な体型の変化やホルモンバランスの変化により、様々なマイナートラブルが体に現れることがある。これにも個人差があるので「みんな経験するから」と我慢せず、パートナーや周りに助けてもらったり、医師に相談したりしよう。

妊娠中のマイナートラブル、我慢しないで

オカン MEMO

かゆみ止めや胃薬など妊娠中でも使える薬があるので我慢せず医師に相談しましょう。体の痛みには妊婦に特化した整体院もあるし、パパのマッサージも嬉しいですね♪

夜がツライ。寝られない妊婦

妊娠してから日中は眠くてしかたがなくて、昼寝ばかりしていた
ふぁぁぁぁ
逆にお腹も重いし頻尿だし、夜は寝られなくてツラかった
ギン
ギン
しかも、一人だけ寝られないとよけいにツライ
ぐおおおお
もんもん
だから寝るのをあきらめて夜はドラマ見てた（なぜか夫も）
スコフィールドォー
TV

妊娠すると、日中はとても眠いのに、夜になると寝られないという症状が起こることがある。お腹が大きくなってくると、寝返りを打つのも一苦労。足のだるさやかゆさなどのマイナートラブルでよけいに寝られず、寝たと思ったら大きなお腹で膀胱が圧迫されて尿意で頻繁に目が覚める。

数時間ごとの細切れ睡眠で夜しっかり寝られないから、日中さらに眠たくなるという悪循環で、いつしか昼夜逆転生活になっていた。

しかし、産後もしばらくは3時間おきの授乳で細切れ睡眠生活になるので、もしかしたら産後に向けて体が練習しているのかもしれない。

妊娠中から思うように寝られなくなる。**そんなときは日中眠くなったときに寝て、出産前に思う存分夜更《ふ》かしを楽しむのもアリだと思った。**

寝られないなら夜更かしを楽しむ！

細切れ睡眠は妊娠中からはじまる
トイレ行きたい…
腰もいたい……
むくっ
オギャー
もう授乳の時間か…
むくっ
Before
After

謎の無気力……こんな私が母親になれるの？

妊娠を機に退職して専業主婦になった
夢の専業主婦LIFE
やりたいことがいっぱいあったのにやる気が出ない。一日中寝てばっかりだ
ぐた〜〜〜〜
謎の無気力がツライ。こんなだらしない人間が本当に母親になれるのかな……
ぐすっ……
長男出産後は逆に寝る時間を確保するのも難しくなった
けど、不思議とやる気が湧いてきた。ちゃんと母親になれた

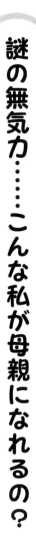

妊娠前は一日が24時間じゃ足りないほどやりたいことがたくさんあった。そんな私が、妊娠を機に退職し、夢に見た専業主婦ライフが始まった。やりたいことし放題！　そう思っていたのだが、**突然私に訪れたのはどうしようもないほどの「無気力」だった。**なぜだかやる気が出ず、つわりもないのに一日のほとんどを寝て過ごした。「今日も何もせずに終わった……」と激しい罪悪感を覚え、こんな人間が母親になれるのだろうかと自分を責めて涙を流す日もあった。

そんな日々が続きながらも無事に長男を出産。すると今度は、24時間態勢の新生児のお世話で、睡眠時間を確保することすら難しくなった。妊娠中の無気力が嘘のように消え、不思議とやる気が湧いてきた。あの無気力な生活は、「今のうちにゆっくりしてね」というお腹の赤ちゃんからのメッセージだったと今なら思う。

妊娠中の心と体の変化、一つ一つにきっと意味がある。それを受け止めてあげることが大切なのかもしれない。

妊娠中の心と体の変化を受け止めて

いまのうち
ゆっくりしてね

「食べたくなる物」のホント!?

妊娠すると酸っぱい物が食べたくなるイメージがあったのだけど、実は人によって様々。私の場合、長男妊娠中、それまで特に大好物でもなかった某ドーナツ屋さんのドーナツと、ミカンをどうしても食べたい衝動に駆られて、わざわざ買いに行くほどだった。だけど、出産と同時にその気持ちがパタッとなくなった。

ところが、産まれてきた長男が大きくなった今、彼の大好物はドーナツとミカン。**もしかしてお腹の中から操られていたのかも?**と不思議な気持ちになった。

結論

お腹の子に操られてる説

とにかくたべたい…
うず
うず
ドーナツとみかん
たべろ

Part 8

第一子出産編

今にも破裂しそうなほど
パンパンに大きくなったお腹。
だけど、まだ見ぬわが子はなかなか出てこない。
予定日を１週間過ぎてやっと誕生した長男と、
出産を通して深まった夫婦の絆。
はじめての出産で感じたことをご紹介します。

テニスボール
ほんとにあるんだ～♪
※この後めちゃくちゃ
お世話になった

予定日超過に巨大児宣言！

予定日を過ぎた
さらり
カルテ
赤ちゃん4000グラム超えるかもね
今度入院ね。促進剤使いましょう。それでもダメなら帝王切開
えっ!!?
スクワットと階段昇降してもうんともすんともいわないお腹
フーフー
ゼーゼー
出てくる気がしねぇ
もしかして
しーん…
出てくる方法わからんの？

十月十日《とつきとおか》の妊娠期間を終え、ついに出産予定日を過ぎた。だけど、出てくる気配がまったくない赤ちゃん。不安を抱えながら産婦人科へ検診に行った。

つわりもなく食欲旺盛だったうえに予定日超過で、主治医から「４０００グラム超えるかもね」と巨大児宣言。赤ちゃんも大きめなので、妊娠41週までに陣痛がこなければ入院して陣痛促進剤。それでも陣痛がこなければ帝王切開の可能性も……と言われ、予想もしていなかった展開にビビる私。

その日から暇さえあれば、階段を昇り降りしたり、スクワットをしたりするが、破水もなければ陣痛もこない。**もしかしたらこの子、お腹から出てくる方法がわからないんじゃ?**と心配した。

入院の前夜、ついに陣痛らしきお腹の痛みが現れ、妊娠から実に41週と1日を経て３７４５グラムの元気な男の子が誕生。

結局のところ、予定日はおろか実際の体重も、お腹の外からでは正確にはわからない。「**真実は赤ちゃんのみぞ知る**」のかもしれない。

予定日も体重も大体の予想でしかない

楽だし きもちいいし
もう少しいようかな

恐怖で遠のく陣痛……

陣痛室にて分娩まで待機することになった
しーーん
よしよし……陣痛が進んできた。出産に一歩近づいたぞ
イタタタ…
となりのベッドにいる妊婦さんの声
ヴヴヴヴヴ～イタイイッ!!
えっあんなに痛くなるの……？
イタイイッ
あの…妻がだいぶ苦しそうなんですが…
夫
あ～まだまだ産まれないよ!
助産師さん
イタイー
恐怖で陣痛が遠のいてしまった

ついに入院の日。前夜に陣痛らしき痛みはあったが、朝になると収まっていた。陣痛促進剤か帝王切開……。しかし内診の結果、子宮口が3センチまで開いており、順調に出産へ進んでいることがわかった。そこで、予定を変更して自然に陣痛が進むのを待つことになり、分娩まで待機するための「陣痛室」と呼ばれる部屋へ案内された。カーテンで仕切られていて薄暗い室内、私以外にも数人いるようだ。しばらくベッドで横になっていると、再び陣痛らしき痛みが始まったのだが……。

「痛い——————っ!」

隣のベッドにいた妊婦さんの苦しむ声が部屋中に響き渡った。私より先に陣痛が進んだみたい。痛みに苦しむ妊婦さんの声をカーテン越しに聞いていると、**自分の未来を見ているようで怖くなり、だんだんと陣痛の間隔が遠のいてしまった。**

陣痛室は、個室のところもあれば、付き添い禁止のところもある。出産の環境を事前に確認するべきだったと反省した。

自分に合った出産環境か事前に確認しよう

だれよりもデカイ声でさけんでた

テニスボールは「神アイテム」？

いきみたくなったらテニスボールを使うといいだなんて都市伝説みたいな噂を聞いた
いきみのがしに
テニスボール
クスクス
え～♪ 本当にテニスボールってあるんだ！ あははははは♪
数時間後
ぎゅううううう
イタァァァァッ
もっと押して！
腰さすってえええぇっ
笑い飛ばしてた自分シバきたい

陣痛の波に合わせて、テニスボールをお尻に当てたら楽になるらしい。そんな都市伝説みたいな噂を妊娠中に知った私。実際に入院した産婦人科にも、ベッドの横にテニスボールが置いてあった。

「本当にテニスボールってあるんだ！」

まだ本陣痛（10分程度の間隔で繰り返す陣痛）が起こってなかったとき、病室にテニスボールを見つけて夫と二人で笑っていた。

しかし、そんな私が数時間後には、**夫にテニスボールでお尻を押してもらうことになるなんて想像もしなかった。**

陣痛が進んでくると、お腹の痛みだけでなくお尻にものすごい圧迫感と痛みが襲う。そんなときテニスボールでお尻をググっと押さえると、痛みがマシになるから不思議。

いきみのがしにテニスボールは必需品

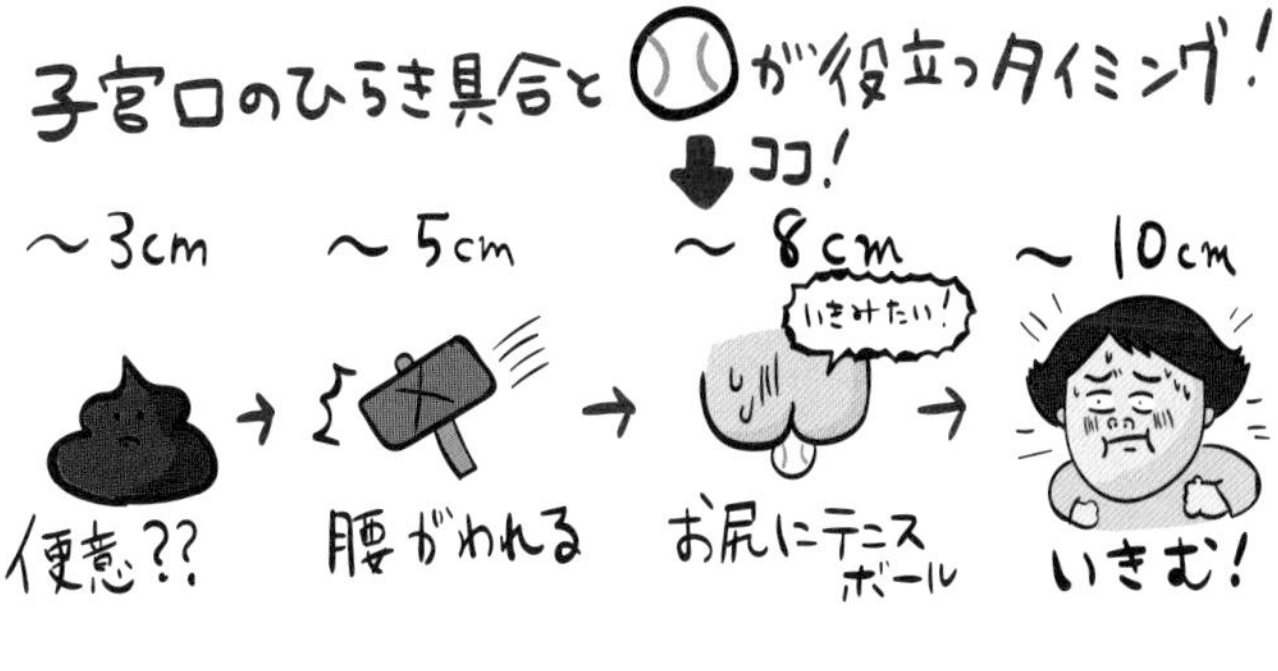
子宮口のひらき具合と⚾が役立つタイミング！
ココ！
〜3cm
〜5cm
〜8cm
〜10cm
いきみたい！
便意??
腰がわれる
お尻にテニスボール
いきむ！

夫の立ち会い出産！

やっと分娩台に上がった
うわぁぁぁぁっ
助産師さん
ダンナさんも傍にいてくれてますよ！
夫
いいぞ！その調子だ頑張れ！
ジー
いつのまにかビデオ撮ってる！
本陣痛が始まってから10時間以上。ずっと傍にいてくれた
イタイイイイッ
がんばれっ！もう少し
ほら頭が見えてきましたよ～
先生
夫が支えてくれたから、ここまで頑張れた
おめでとうございます
グッ
夫婦二人で力を合わせた出産でした

夫婦で頑張った出産は絆を深める

夫に出産の立ち会いをしてもらうかどうかは、意見が分かれるところ。私は、夫が傍にいてくれなかったら出産できなかったかもしれない。**そう思えたのは、何よりも夫が一緒に頑張ってくれたからだ。**

背中をさすってくれたり、テニスボールでお尻を押さえてくれたり、水を飲ませてくれたり、「頑張ってるね」と声をかけてくれたりした。それも、夜中一睡もせず休むことなく支えてくれた。

10時間以上の死闘の末、ついに長男が誕生。**その瞬間を、夫婦二人で嬉し涙を流しながら迎えた。**

はじめての出産だから不安でいっぱいだったけど、夫がずっと隣にいて支えてくれたから最後まで頑張れた。この出産が夫婦の絆を深めてくれたに違いない。

こんな立ち会い出産はイヤだ!
zz
ムシャムシャ
バリバリ
ポテチ
ぼー
出産時のうらみは一生忘れない……

妻が苦しんでる横でグースカ寝てる

なんかずっと食べてる

逆に何もしないで携帯ばっかりさわる

出産方法、どれが一番いいの？

長男出産後
自然分娩で
ゼーゼー
げそっ
ツラかったけど産まれた瞬間全部忘れるくらいかわいい！
次男出産後
無痛分娩で
はじめての無痛分娩。年子育児に不安もあるけどかわいい！
三男出産後
無痛分娩で
スリスリ
スリスリ
ムニュ〜
久しぶりの新生児かわいい！かわいすぎる！
結局かわいい
どんな方法でも出産は命がけ。そして、どんな方法で産まれてきた子でも、かけがえのない存在です
自分に合った出産方法を選んでくださいね

現代は、水中分娩・陣痛促進剤を用いた分娩・無痛分娩・帝王切開など様々な出産方法が選べる時代となった。**しかし、世間では自然分娩が一般的。**それは、他の出産方法はリスクがあるからとか、お腹を痛めて産むから子どもはかわいいという意識がまだまだ根深いから。

私は、第一子は自然分娩。第二子、第三子は無痛分娩で出産した。無痛分娩のリスクがメディアでとりわけ騒がれているが、自然分娩のリスクもゼロではないし、命がけで産むことに変わりはない。

大切なのは、自分がしたい出産方法を選ぶこと。そして、不安や疑問があるときは医師から納得いくまでしっかり説明を受けること。

もちろん、どんな方法で産まれてきても、わが子は世界で一番かわいい存在に違いない。

自分に合った出産方法を選ぼう

オカン MEMO

無痛分娩といっても、麻酔の効きかたで痛みの感じかたには個人差があります。私の場合、子宮口全開から分娩までのあいだは痛みがあったけど、それまでは痛みがなく、お腹の張りだけ。痛みが軽減されたぶん、落ち着いて出産することができました。

「陣痛と便意」のホント!?

結論

→**陣痛と便意、間違えがち**

次男を妊娠してもうすぐ予定日を迎えるという頃。友人と近所のカフェに来ていたときに、突然お腹の痛みにおそわれた。痛みに波があるし、冷や汗が出るくらい痛い。ついに陣痛がきたかも!と慌てて帰宅。

しかし、トイレで大きい便を産み落としたらお腹の痛みはなくなりスッキリしてしまった。**ただの便意だった**（恥ずかしい……）。

その1週間後、またお腹に痛みが起こった。だけど便意か陣痛かわからない。間隔をはかると10分ごとに痛みの波がきていたので、半信半疑で産婦人科へ。すると、今度は本当に陣痛で、その日無事に出産した。

Part
9

産後編

赤ちゃんが産まれたら、大仕事は終わり！
というイメージもあるけど、
本当に大事なのは産後。
待ち受けているはじめての育児に、
体と心の怒涛の変化。
そんな産後に起こった出来事をご紹介します。

疲れてるのに元気？「産後ハイ」

めっちゃ疲れてるはずなのに産んだら全部ふきとんだ！ これが産後ハイか！
ギンギン
不思議と眠くならなくて、入院中もゆっくりせず動き回ってた
夜中も休まず授乳室へ
新生児室
じっ……
ギンギン
ねむくないからずっとわが子を見つめる
退院後……
眠い……でもお世話があって寝れなくてツライ
ボロッ
こんなことなら入院中もっとのんびりしておけばよかった
つかのまの休息を大切に

命がけの出産を終え、満身創痍で体はボロボロ、体力も限界。夜も寝てないのに、ナゼだか元気いっぱい。これが俗にいう「産後ハイ」だ。

私も、夜通しのたうち回るほどの死闘を終えたばかりなのに全然疲れていない♪　それどころか逆に元気すぎて、授乳編でも書いた通り夜中も休まず授乳室に通ったり、暇さえあれば新生児室をのぞきに行ったりと、産後すぐから動き回っていた。

しかし、数日も経つと産後ハイも収まり、次にくるのは眠気と疲労感。それでも赤ちゃんのお世話は24時間態勢なので待ってくれない。そのとき思った。

「入院中もっとのんびりしておけばよかった……」

産後は達成感や解放感から産後ハイになりやすく、つい自分は元気なんだと錯覚してしまう。**だけど、体は確実に疲れているので入院中はできるだけのんびりすごしたい。**退院すると、怒涛の新生児育児が始まるのだから……。

入院中はのんびりできる最後のチャンス

入院中にしておきたいこと
1 大の字で寝る
2 ごはんの味をかみしめる
(あったかいものは冷めないうちに)
3 フロあがりにていねいに肌のおていれ

会《え》陰《いん》切《せっ》開《かい》と産後の「アソコ」の話

分娩台でいきんでるときの私の脳内
イタイー!!
会陰切開なしでいけた!やったー♪
ニヤリ
は〜い。裂けないようにちょっと切りますね
ぱちん
ええっ!?
結局切られてしまった……。でも意外とあっけなかったな
ぼー…
(産後 処置中)
ぬいますねー
ちく ちく
てゆうか縫ってるのに普通にトイレして大丈夫なの? 怖っ!
ドキ ドキ
ドキドキ
しばらくは何をするにもアソコが気になる

出産で一番恐れていたこと……、それは「会陰切開」。簡単にいうと、アソコをハサミでチョキッと切って赤ちゃんが出やすくすること。麻酔もせずにあんなところを切るなんて……。得体のしれない痛みへの恐ろしさから「もしかしたら私は切らずにすむかも」なんて現実逃避もしてみた。

分娩台に上がり、もうすぐ産まれるというとき、私は「会陰切開なしでいけた！」と心の中でガッツポーズをしていた。

しかし、次の大きな陣痛の波がきた瞬間「裂けないように切りますね〜パチン」と最後の最後で会陰を切られた。**だけど、あれだけ恐れていた会陰切開はあっけないほど一瞬の出来事だった。**

出産後、会陰を縫う処置をする頃には産後の達成感と麻酔のおかげで痛みはなかった。しかし、しばらくしてから現実味が増してきて、数日間はトイレも椅子に座るのも恐る恐るしていた。

しばらく円座クッションが必須

多くは語らずとも
同じ日に出産した人
円座クッションを見れば通じあえる……

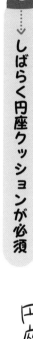

抜け毛に爆乳♡　産後の身体の変化

産後の抜け毛がスゴイ量でビックリ！
ごっそり
しかも、抜け毛が伸びてきた頃
ぼさ
大量のアホ毛になるのが地味にツライ
でも胸は大きくなって嬉しい♪夢の爆乳ライフだわ〜
ぼぃ〜ん
断乳後……
シォーー…
悪いことも良いことも永遠には続かない

胸だけは残しておいてほしかった……

妊娠中だけでなく、産後にも目まぐるしいほどの体の変化が待ち受けている。

代表的なのが「抜け毛」。産後数か月が経つと、シャンプーするたびにゴッソリ毛が抜けるようになった。しかも、その後伸びかけの毛が大量のアホ毛になるので地味にツライ。

ただ、産後の変化はツライことだけでなく、嬉しいこともある。それは胸が大きくなること。母乳が出るようになると、2〜3カップは大きくなるので夢の爆乳ライフを満喫♡　谷間に汗をかくなど、産まれてはじめての経験に一人ほくそ笑んだ。

産後は、良くも悪くも体にいろいろな変化が起こる。**だけどそれは必ずしも永遠には続かない。**抜け毛もアホ毛も次第に落ち着いてくるし、もちろん爆乳だって授乳が終われば魔法が解けたようになくなってしまう（しかも妊娠前より縮んだ）。

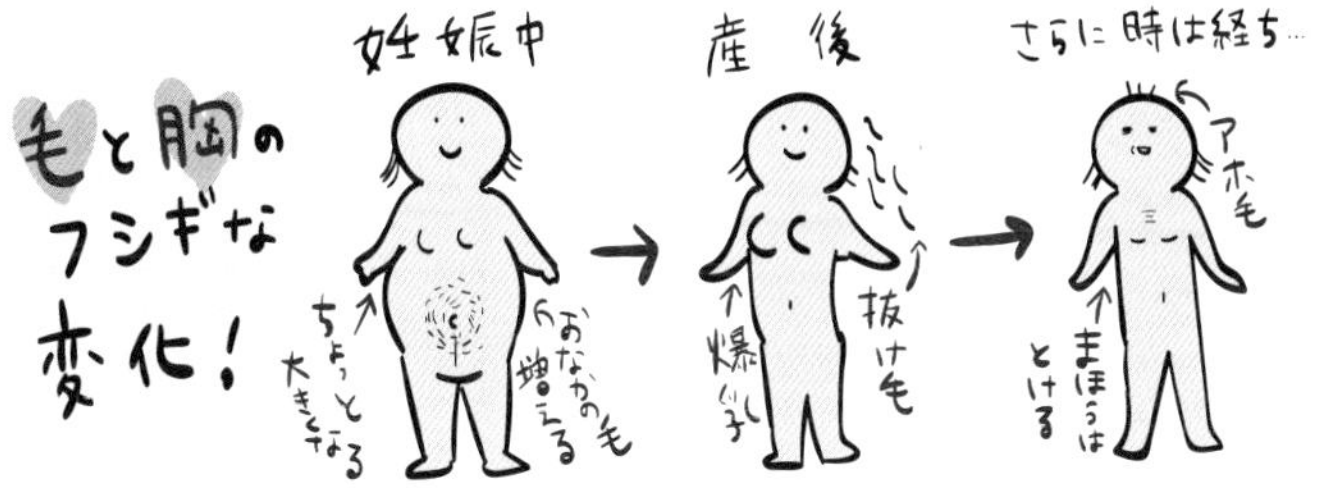
毛と胸のフシギな変化！
妊娠中
ちょっと大きくなる
おなかの毛増える
産後
爆乳
抜け毛
さらに時は経ち…
アホ毛
まほうはとける

産後……イライラしてしまう

産後は、いつも
イライラして
神経が逆立って
いた
イラ イラ
ピリ ピリ
里帰り中、実母
の何気ない一言で
衝突することも
あった
どうしてこんな
にイライラした
り悲しくなった
りするんだろう
ぐすっ
それはホルモンの
せいだよ。見え
ないものだから
わかりづらいけ
ど、産後は精神
的に不安定にな
りやすいの

妊娠中もホルモンに悩まされたけど、産後のホルモンバランスも悩ましい。人によって症状は様々だけど、突然涙が出てきたり、つねに神経が逆立ってイライラしたりする。

私も第一子出産後は、はじめての育児で余裕がないのも相まって、周りの言動にいちいちイライラして、夫や実母と衝突することもあった。当時、里帰りしてお世話になっている身なのに、**どうしてこんなにイライラしてしまうのかわからず苦しかった。**

だけど、あれはホルモンバランスの乱れが原因だったんだと今なら思う。妊娠中も産後も、赤ちゃんを育て守るために体は急激に変化し、それに伴いホルモンバランスも大きく変わる。**ホルモンは目に見えないものだからこそ、その存在を自分や周りが理解して認めてあげる**と、それだけで心はとても楽になる。

見えないホルモンを認めよう

ゴォォォォォオッ
出産
妊娠
産後
まるで
ホルモンの
ジェットコースター

産後は絶対無理したらダメ！

産後の体は、傷だらけで1か月も出血が止まらない大ケガをしたのと同じ！
なので産後1か月間は安静に！母乳以外は誰でもできます
家事全般
オムツ替え
沐浴
寝かしつけ
上の子の世話
など
安静には周りの協力が必須！妊娠中から相談しておこう
夫の育休
産後ヘルパー
里帰り
食事宅配サービス
ファミサポ
など
産後無理させると体調を崩すだけでなく、夫婦関係にヒビが入る可能性も……
ドキッ
こそっ
産後の恨みは一生もの

産後は大ケガしてるのと変わりないから絶対安静！

産後１か月間は安静に。昔からそう言われているのに、周囲からは出産が終わると普通の生活に戻れると思われがち。

実は産後の体は、会陰切開や帝王切開の傷、授乳による傷、後陣痛などでボロボロ。しかも、出産で骨盤が大きく開いたままグラグラなので腰痛を起こしやすい。さらに、約１か月ものあいだ、悪露《おろ》と呼ばれる出血が続きながらも、血液から母乳をつくり貧血状態。**いわば産後というのは、傷だらけで骨格も歪んで、そのうえ1か月出血が続くほどの大ケガを負っている状態。**それなのに24時間態勢の赤ちゃんのお世話でゆっくり寝ることもできず、免疫力まで低下して感染症や乳腺炎になりやすい。

無理をしてはいけないということはわかったけど、周りのサポートがないとそれも叶わない。**母乳を与えること以外は誰でもできるから、家事や育児をサポートしてもらえるよう、妊娠中からパートナーと相談して準備しておくことが大切。**

産後すぐに待ち受けている怒涛の変化。そのとき夫婦が力を合わせなければ、あっというまに家族はバラバラになってしまう。そこで重要になってくるのが、夫というかけがえのない存在だ（それについては次のＰａｒｔで詳しく解説）。

「産後のお腹」のホント!?

結論
↓
いずれ元に戻る

妊娠で大きくなったお腹。出産したらすぐ元に戻るものだと思っていたけど、出産直後のお腹を見てビックリ！　臨月と比べたら小さくなったけど、まだもう一人お腹に入ってるんじゃないかと思うくらいのサイズ感。お腹の皮もダルンダルンに伸びてしまっているし、このまま戻らなかったらどうしようと思った。

そんな不安を抱きながらも、**産後数か月で妊娠前のお腹の大きさに戻った。**できてしまった妊娠線は消えないけど、骨盤矯正に通っているうちにウエストサイズは元通り。妊娠前に履いていたズボンも入るようになった。

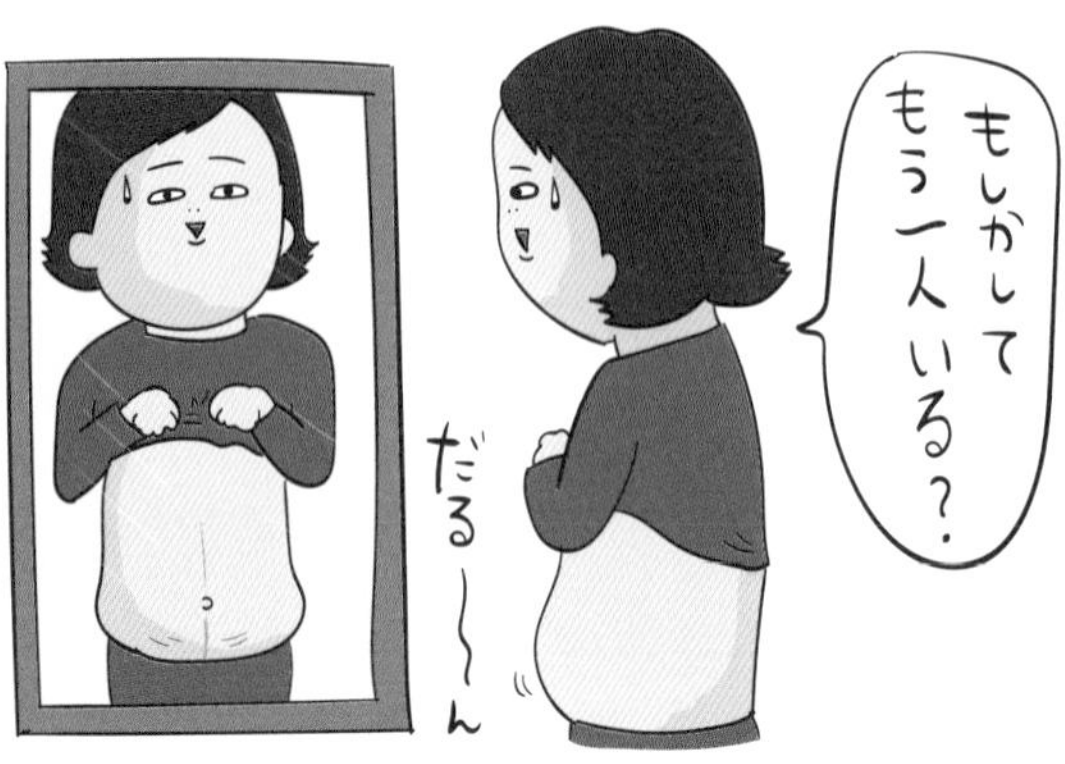

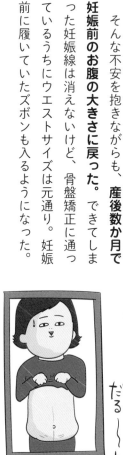

Part 10

夫編

育児をするにあたって切っても切れない関係なのが
夫という存在。お互いが親という立場になったとき、
夫のことを理解していないと、
思わぬところで衝突してしまう。
そこで、うちの夫を例に、どうやって育児も家事も
できるパパになったのかをご紹介します。

理解不能！ 夫という生き物

夫とは、ひょんなことから出会い結婚した
一緒にいると安心するし楽しくて大好きだった
えっ
イッテキマース
今から釣り行ってくるわ〜♪
子どもが産まれても夫は一人だけ自由だし、思いやりのかけらもないし……
イラ イラ
私のこと全然大切にしてくれない！
ハッ
私とは別の生き物なんだ
ヒト科オット属オット
言葉は通じるが、妻の気持ちは伝えないとわからない生き物
キズつけるつもりは
毛頭ない
言葉で伝えてわかりあおう

結婚して夫と生活をともにすると、「?」が飛び交うときがある。服はぬぎっぱなし、食べた後の食器は置きっぱなし。子どもが産まれても遅くまで呑みに行ったり、自由に一人ででかけたり、記念日にサプライズはしてくれない。思いやりのない行動が理解できず、私のことを大切にしてくれてない！とイライラすることもあった。けど、ある日突然気づいた。

「私と夫は別の生き物なんだ」

夫は、私のことを大切にしていないわけじゃないけど、考えかたも思考回路も違う、言わば「まったく別の生き物」。じゃあ、別の生き物なんだから、わかりあうことをあきらめるべき?というとそうじゃない。**言葉は通じるので、イヤなことや嬉しいことはちゃんと言葉にして伝えよう。**お互い愛しあって結婚した者同士、けっして苦しめあいたいわけじゃない。

「別の生き物」だけど言葉は必ず伝わる

論理的
言いかたがキツイ!
感情的
言いかたじゃなくてこれが事実!
そもそも男と女は脳がちがう!

夫に伝わる声かけの秘訣！

ちょっと！
なんで何もしないでゴロゴロしてんのよ！
そんな怒らんでもええやろ！
もや
もや
イヤな気持ちを伝えるとケンカになっちゃう…
でも私が我慢して全部抱え込むのもしんどい…
伝えかたを変えてみた
今から洗濯するから、子どもをお風呂に入れてくれる？
了解♪
すんなり
計画通り！
ニヤリ……
パパ頼りになるな〜 アリガトウ
コロ
コロ
大げさに喜んで感謝するのを忘れずに

イヤな気持ちも、言葉にすれば夫に伝わる。だけど「夫はゴロゴロしてばっかり！」なんて日頃の不満をストレートに伝えると、ケンカになって夫婦関係は悪化。そこで私は伝えかたを変えてみた。何か手伝ってほしいときは「私は今から〇〇しないといけないから、〇〇してくれる？」と、**「自分ができない理由」と「してほしいこと」を言葉にしてみた。**すると驚くほどすんなり手伝ってくれた。

また、夫に直してほしいところがあるときは、「〇〇してくれると私は嬉しい」や「〇〇されると私はイヤ」など、**相手を責めるのではなく、自分の気持ちを伝えるようにした。**このことを意識してから、夫も少しずつ家事や育児に参加するようになった。

私も人間なので、心に余裕がないと優しく言えないときもある。でも、夫の変化が見えたときは、嬉しい気持ちと感謝を伝えることは忘れないようにした。

夫も本当は妻を怒らせたいわけじゃない。喜ばせたいものだから。

夫を変えたいなら、まず自分が変わる

パパが お風呂 入れてくれたおかげで 家事がはかどったよ! とっても 助かった アリガトウ
風呂入れると 妻が喜ぶ
またやろう!

ポイント♪

ほめるときは
大げさ＆具体的に。

1回では変わらない。
何回も繰り返し伝える

夫の育児、見ていてハラハラ！

普段仕事で忙しい夫が、慣れない手つきでオムツを替える。オムツが反対になったり、扱いが少々荒っぽくて見ていてハラハラ……。「違う、そうじゃない！」「もう全然ダメ！」と横からツッコミを入れたくなるけど、そこはグッとこらえてみる。

思いだすと、私も最初は上手になんてできなかった。はじめてのオムツ替えは、前後も、拭きかたも、力加減もわからない。でも、回数をこなすうちに上達してきた。

はじめての育児でどうしたらいいのかわからないのは夫も同じ。夫なりに試行錯誤している瞬間は、育児参加の大事な一歩。

だから、夫が赤ちゃんのお世話をしようとしているときは「**片目は閉じて遠目で見る**」。

最初はへたくそでも、だんだん上手になってくる。それに、夫って意外と繊細な生き物だから、自信をなくすと育児も参加しなくなってしまう（家事におきかえた場合も同じ。多少雑でも許してあげて）。

細かいことは指摘しない

オトンは育児レベルが2にあがった。
ブカブカ
ぱっつぱつ
サイズが逆です。

夫に子どもを任せよう

でかける用事ができて夫に子どもを預けた
いってらっしゃーい
心配……
大丈夫かな……
ただいま。えっ
ぐちゃあ〜〜
せんたく
おかえり。全然余裕やったわ〜楽勝すぎる♪
ヨユウ!?は?
そら家事もせず、散らかされても放置してゴロゴロしてるだけなら余 だわな
こんなことなら夫に預けないほうが100倍マシ……って
ちょっとまてよ?
余裕だったなんてすごいね〜じゃあ洗濯と洗い物もできるよね♪次もまたよろしくね……
グサッ
アリガト
自分の言葉に責任もってね♪

夫は仕事が忙しく、子どもと二人きりになる機会がなかなかない。それなら、休みの日に子どもを夫に完全に任せてみるのがオススメ。

ちゃんと面倒を見られるのだろうか？　はじめて夫に子どもを預けた日は心配だった。

でも、夫は私が帰ってくるなり「全然余裕やったわ」と余計な一言を言い放った。家は散らかり放題だし、一日くらいで育児の大変さがわかるか！とイラっとした。

だけど「余裕だったなんてすごいね〜！　じゃあ洗濯と洗い物もできるよね♪　次もお願いね」と**夫のデリカシーのなさを逆に利用して、育児と家事に巻き込むことに成功した。**

何はともあれ、今では3人の子どもの面倒も見られるようになったし、家事もこなすスーパーオトンへと成長。

言うなれば夫は「**育児の新入社員**」。頼りないからと仕事を任せずにいると、自分の負担はいつまでも減らない。

任せることで夫も成長する

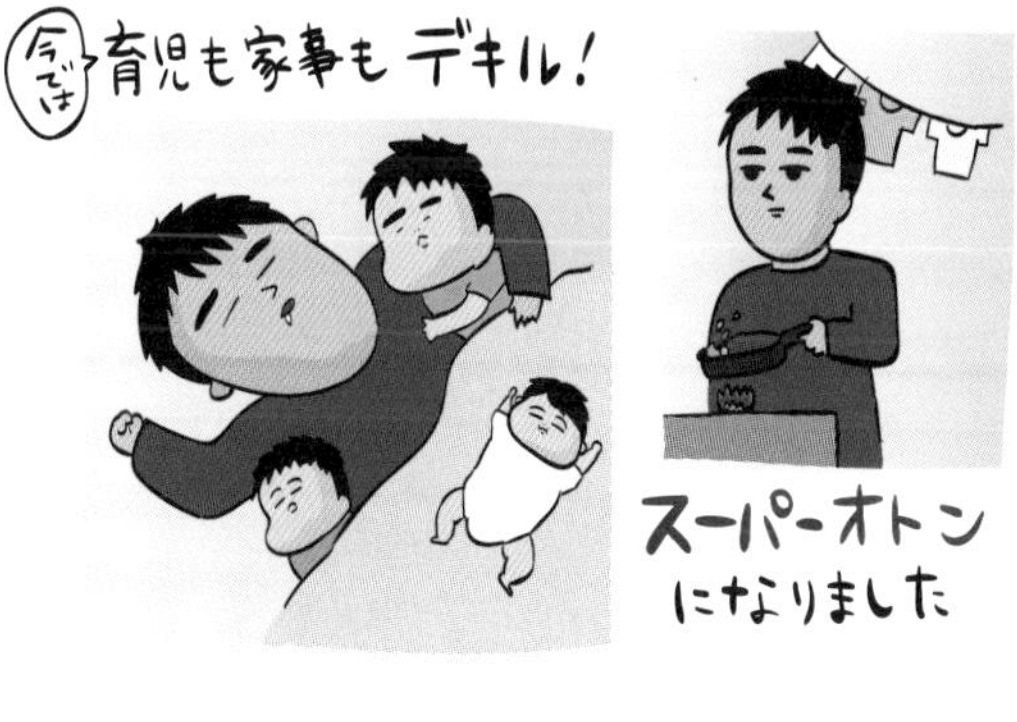
今では
育児も家事もデキル！
スーパーオトン
になりました

夫が本当に「父親」になる日

外で働いて家族を養うことが父親の役目だ！
もちろんお金も大切なんだけど
仕事してたら家で何もしなくていいの？
ぐおおおおおっ
子どもの世話は私がするもの？
仕事で疲れてるから家ではゆっくりしたい？子どもと関わることもせず、誰のために働いてるの？
私が欲しかったのは、夫の育児に対する当事者意識
夫が育児に積極的に参加するようになって、本当の家族になれた気がした

育児への当事者意識が夫を「父親」にさせる

うちの夫は昔、家族を養うためにお金を稼ぐことが「父親」の役目と言い、育児にはノータッチだった。もちろんお金も大切だけど、何かがひっかかる。

仕事から帰ってきても、子どもとふれあうこともなく自由気ままに過ごす。育児の話は退屈そうに聞くのに、自分の話だけは夢中になってする。夜中に子どもが泣いていても、一人だけグーグー寝ている。これでも父親といえるのだろうか？

育児を仕事でたとえるなら、**毎日24時間態勢の激務で、少しの油断や失敗で子どもの命を失ってしまう重い責任を負っている。**それなのに、給料も出ないし誰からも評価されない。私たち二人の子どもなのに私一人で背負い込むのは、あまりにも過酷で孤独すぎる。

そんなとき、**私がほしかったのは夫の育児に対する当事者意識。**もちろん夫も、家族を支えるという責任を負って一生懸命頑張っている。だけど、「父親」の役目というのはお金を稼ぐことだけがすべてじゃない。

今では、育児の喜びやツラさを二人で分けあえるようになった。そうなれたのは、私が変わろうとしただけでなく、夫も変わろうと努力してくれたからだと思っている。

「家事育児分担」のホント!?

家事育児、自分だけが負担しすぎている。夫にももっと参加してほしい！

そんなときにオススメなのが「見える化」。やりかたは簡単。それぞれが基本的にいつもしている家事育児を細かく紙に書きだすだけ。**妻が一日何をしているのか、夫は想像できない。**それを文字にして書きだすだけで、妻がどれだけたくさんのことをしているかが一目瞭然になる。さらに、家事育児のどの部分を夫に手伝ってほしいかを説明しやすい。

うちの夫も、壁に張った紙を見ながら率先して手伝おうとしてくれるなど、以前にも増して家事育児に参加するようになった。

結論

見える化しよう

夫

ゴミ捨て
幼稚園に送っていく

妻

朝起こす
トイレに連れていく ×2人
オムツを替える
手を洗わせる ×3人
朝ごはんの用意
離乳食を食べさせる
朝ごはんの片づけ
歯磨き ×3人
登園準備 ×2人
着替え ×3人
洗濯する
掃除機をかける
次男と遊ぶ
次男のトイトレ
三男と遊ぶ
三男の世話
お昼ごはんの用意
離乳食を食べさせる
お昼ごはんの片づけ
幼稚園に迎えに行く
習いごとに連れていく
晩ごはんの買いだし
幼稚園の服を洗濯
洗濯物をたたむ
晩ごはんの用意
お風呂掃除
お風呂入れる ×3人
保湿＆服を着せる ×3人
晩ごはんと離乳食食べさせる
晩ごはんの片づけ
残りの洗濯をする
歯磨き ×3人
パジャマを着せる ×3人
オモチャ片づけ
布団を敷く
絵本を読む
寝かしつけ

Part 11

夫婦編

子どもが産まれて、心に余裕がなくなると
夫婦関係がおざなりになりがち。
そのまま夫婦関係が悪くなって、家族がバラバラに
なってしまう……なんて悲しい結末だけは避けたい。
そこで、私たち夫婦がいつまでも仲良くいるために
気にかけていることをご紹介します。

夫婦の恋人時間

結婚すると、良くも悪くも心を許しすぎて
ぼ〜〜〜
ホジホジ
思いやりを忘れてしまう
だから、たまにはオシャレして二人きりの恋人時間をつくると新鮮な気持ちが蘇る
この日はお母さんスイッチオフ
OFF
夫婦の仲がいいと自然と家族は一つになる
夫婦円満に恋人時間は必須。お互いが努力してでもつくろう

結婚して一緒に住むと、だらしないところもイヤなところも見えるし、だんだんと新鮮な気持ちは薄れてしまう。それに子どもが産まれて親になると、子ども優先になってしまいがちで、なかなかパートナーを思いやることができない。

だからたまには子どもを預けて、二人きりの時間をつくる。このときだけはお母さん・お父さんスイッチを完全にオフ。いつもより少しオシャレしたり、子連れだと行けないお店に二人きりで行く。

まるで恋人同士に戻ったようにお互いのためだけの時間をもつことで、また思いやりの心が蘇る。**夫婦の仲が良いと、自然と家族は一つになる。**

だけど、実家が遠かったり、いろいろな事情で子どもを預かってもらえない人もいる。そんなときは、一時預かりやベビーシッターなどを利用して、昼間に二人でランチや映画に行ってもいいし、それも難しければ子どもを寝かしつけた後に二人でテレビを見たり、話をするだけでもいい。夫婦円満のために、お互いが努力して恋人時間をつくろう。

恋人時間は思いやりの心を蘇らせる

たまには夫婦で
手
つなごう

子育てのことで夫婦で対立

次男が10か月の頃の夫婦ゲンカ
ちょっと食べさせすぎだよ
大丈夫!
大丈夫って何？子どもがお腹壊したらどうすんのよ！
親が勝手に限界決めるな！体が小さくて困るのは子どもだ！
俺だって父親だ。子どもがツライ思いをしてほしいなんて思ってない！
ハッ
GOAL
夫婦で意見が分かれるときもある。自分の意見ばかり押しつけず、歩み寄るきっかけとなった出来事だった

考えかたは違ってもお互い「子どもの幸せ」を願っている

いくら夫婦といえど、考えかたの違いで衝突することもある。

次男が10か月の頃、いつものように離乳食を一人前食べ終えたとき、夫が追加でごはんを食べさせ始めた。私は、食べすぎを懸念し夫を止めるが、「大丈夫」の一点張り。普段育児に参加しないくせに、何を根拠に「大丈夫」と思うんだろう。もし、次男がお腹を壊したらどうするんだと夫とケンカになった。

一方で、夫の言い分は「どうして親が勝手に限界を決めるんだ。男の子だからたくさん食べて大きくならないと、将来困るのは本人だ」と言う。

私は夫を無責任だと思い、夫は私が子どもの可能性を狭めていると思っている。**お互いが自分の意見を押しつけすぎてケンカになってしまった**けど、落ち着いて考えると、どちらも子どもが大切で衝突していると気づいた。

私が母親であると同時に夫は父親。子どもがツライ思いをしてほしいなんて願うはずもない。**それぞれ考えかたは違えど、「子どもの幸せ」という同じゴールを目指している。**

それを前提に置いて夫婦で話しあいができれば、きっと歩み寄っていけるはず。

夫婦って収入があるほうが偉い？

収入のない私は夫の仕事に支障が出ないよう、夜中も一人で子どもの世話をした……
だけど不満はいつか爆発する
仕事してたら子育てはしなくていいの？
俺だって毎日頑張ってるやろ！
じゃあ子育てするから俺の代わりに稼いできてよ！
言い返せない自分が悔しかった
収入の差があっても、夫婦はいつでも対等。お互いが支えあうからこそ家族は成り立つ
仕事
育児
家事
かぞく

長男妊娠を機に退職した私は、夫の収入がないと生きていけない現実に直面した。

そこで、夫が仕事を優先できるように、家事も育児もすべて一人で背負い込んだ。それだけでなく、つねに夫の顔色を気にして「いい嫁」に徹しようとした。

しかし、想像以上に過酷な育児、無理が長続きするはずもない。今度は、夫に育児参加を求めると、「じゃあ俺の代わりに稼いできてよ」と私に言い放った。

この一言は、絶対に言ってはいけない言葉。**夫婦には共働きや専業主婦など色々な形があるけど、どんなときでも対等。**妻が子どもを守っているからこそ、夫は思いきり仕事ができるのだから。そして私も「いい嫁」になりすぎて自分の気持ちを押し殺す必要なんて、はじめからなかったんだと気づいた。

もしも最初から、気持ちを偽らずに素直に伝えていれば。そして夫も、妻が困っているときに手をさしのべることができていれば、こんなに傷つけあうこともなかったのかもしれない。

夫婦とはまるで二人三脚で走っているようなもの。一緒に転んでしまわぬように、息をそろえて進んでいきたい。

夫婦は対等。支えあうから前に進める

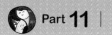

夫婦の合言葉は「ありがとう」

ママ……
いつも子どもの
世話ありがとう
ガタタッ
どうした急に!
もし明日死ん
じゃったら絶対
後悔するなと
思って言った
たしかに……
空気のように、
傍にいることが
当たり前
そんな人が突然
いなくなって
二度と会えなく
なったら……
こちらこそいつ
も家族のために
ありがとう!
パパ大好き〜!
ガバッ
この一言で心は
救われるもの

うちの夫は、感謝の気持ちを伝えることが苦手だった。感謝の気持ちって言葉にするのは照れ臭いし、それが夫婦という近い関係であればなおさら。そんな夫が変わったのは、こう思うようになったから。

「もしも明日、大切な人が死んでしまったら？」

もう、しょうもないことで笑いあうことも、ケンカすることもできない。もちろん感謝の気持ちを伝えることも……。

だったら変な意地を張って後悔するよりも、ちゃんと伝えたほうがいい。そう気づいた夫は、私に感謝の気持ちを伝えてくれるようになった。

いつしか「ありがとう」は夫婦の合言葉になった。

結婚して夫婦になると、傍にいることが当たり前になってしまう。それはまるで空気のように。でも空気がなくなると、人は生きていけない。

夫が「いつもありがとう」と言ってくれる。この一言だけで私は心が救われた。

照れずに「ありがとう」を伝えよう

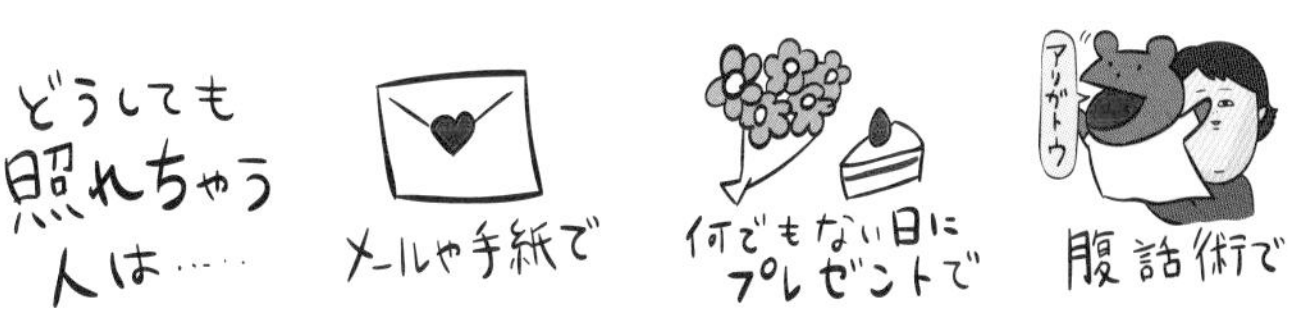
どうしても照れちゃう人は……
メールや手紙で
何でもない日にプレゼントで
アリガトウ
腹話術で

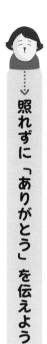

夫婦円満の秘訣とは？

夫婦円満のための私なりのモットーがあります
それは「楽しい」ほうを選ぶこと
過去のことを掘りかえしても楽しくないから
うらみ
言わなくていいことはなるべく言わない
※モヤモヤするときは吐きだしても大丈夫
でも、私が楽しくないから我慢は絶対しない
くそーハラダツ
夫を責めたててコテンパンにしたいけど…
それはイヤなきもちになるの
ハイ……
ぐっ
夫が楽しくないとイヤだから思いやりも忘れない
長いようで短い人生を一緒に歩んでいくのだから楽しくない時間がもったいないよね
さっきはゴメンね
オレもゴメン

結婚してから夫とはいろんなことがあった。この人と結婚して本当によかったと思う日もあれば、逆に結婚したことを後悔する日もあった。

山あり谷ありだけど、夫婦円満に過ごすための私なりのモットーがある。それは、**人生で一番長い時間をともに過ごす相手なら、一緒にいて「楽しい」ほうを選ぶこと。**昔の恨みつらみを掘りかえせばたくさん出てくるけど、過去のことを責めても何も解決しないし、夫婦仲はギクシャクして楽しくない。だから「言わなくていいことはなるべく言わない」（モヤモヤするなら溜めずに吐きだすことも大事）。

逆に、今目の前でイヤなことが起こっていたら自分が楽しくないから「絶対我慢しない」。だけど、夫が楽しくなかったら私も楽しくないから「思いやりは忘れない」。

ケンカして何日もモヤモヤしていると楽しくないから「意地張らないで、すぐ仲直りする」。

長いようで短い人生、楽しくない時間がもったいない。

育児も夫婦関係も楽しんだもん勝ち！

秘訣は「楽しい」ほうを選ぶこと

ばあさんいつもありがとう
なんて？耳が遠くてなぁ
クソババア
だれがババアや
ハッハッハー
老後も手をとりあって歩いていこうね

「夫婦ゲンカ」のホント!?

普段仲がいい夫婦でも、ケンカになることがある。ところが、ケンカの原因はものすごく些細なことだったりする。さらに「夫婦なのに理解してくれない」とか「大切にしてくれない」という**悲しみや寂しさという感情が隠れていることが多い。**

自分の本当の気持ちに気づかず、意地を張って相手を攻撃する言葉を使うと、お互い傷つけあうだけのケンカになってしまう。

つい「素直になるのが悔しい」と思ってしまいがちだけど、**悪いところは素直に謝ったり、自分の気持ちを素直に伝えたりするほうが、解決の近道**だったりする。

結論

素直になったほうが勝ち

お互い傷つけあうケンカしちゃったら
とりあえずハグしてさっさと仲直り

おわりに

最後までお読みくださり、ありがとうございます。

はじめての育児は先の見えない真っ暗なトンネルの中を進んでいるような気持ちでした。当時のことをふと思い返すと、もっと自由に、肩の力を抜いて、楽しく育児できていたらよかったと思います。

だけど、最初からそんなふうに育児できる人はきっと少ないのではないでしょうか。わからないことだらけの状態で、責任感に押しつぶされそう。情報が欲しくて育児書を開けばわが子のことが当てはまらない。ネットで調べれば調べるほど心配事が増えていく。そりゃ、楽しく育児したくたってできないですよね。

そんなとき、私を救ってくれたのは「ブログ」でした。

日々の何気ない育児の話をブログに書くと、意外な話で皆が共感してくれたり、ときには励ましてくれたり、応援してくれたり……。いつしか、私にとってブログはかけがえのないものとなりました。
育児で大変なことがあっても、ブログでネタにすれば誰かが笑ってくれる。それが嬉しくてブログを書き続けるうちに、私と同じように育児や夫婦関係で悩んでいる人の多さに気づきました。

家族の誕生という幸せなことが、つらい出来事に変わっている。

これほど悲しいことはない、この現状を何とかしたい。
そう思った私は、「育児って頑張らなくていい」「ちょっとの思いやりで夫婦仲はよくなり家族は一つになれる」――いつしか、そのことを伝えたいと思うようになりました。

こうして、長年の夢だった出版を実現できたのも、いつも応援してくださるブログの読者の皆様と、出版へのチャンスを繋げてくださった井上恵理菜様のおかげだと思っています。
同時に、私のつたない思いを形に変えてくださった日本実業出版社の皆さんと担当の渡辺一久さんにもお礼を申し上げます。

また、自分の仕事も大変なのに家事も育児も率先して協力して支えてくれた夫と、幾度となく助けてくれた、じいじ・ばあば、ゆきちゃんに、言葉では伝えきれないほどの感謝の意を表します。

そして3人の子どもたちへ。私のもとに生まれてきてくれて、本当にありがとう。

2020年　5月吉日　あざみ

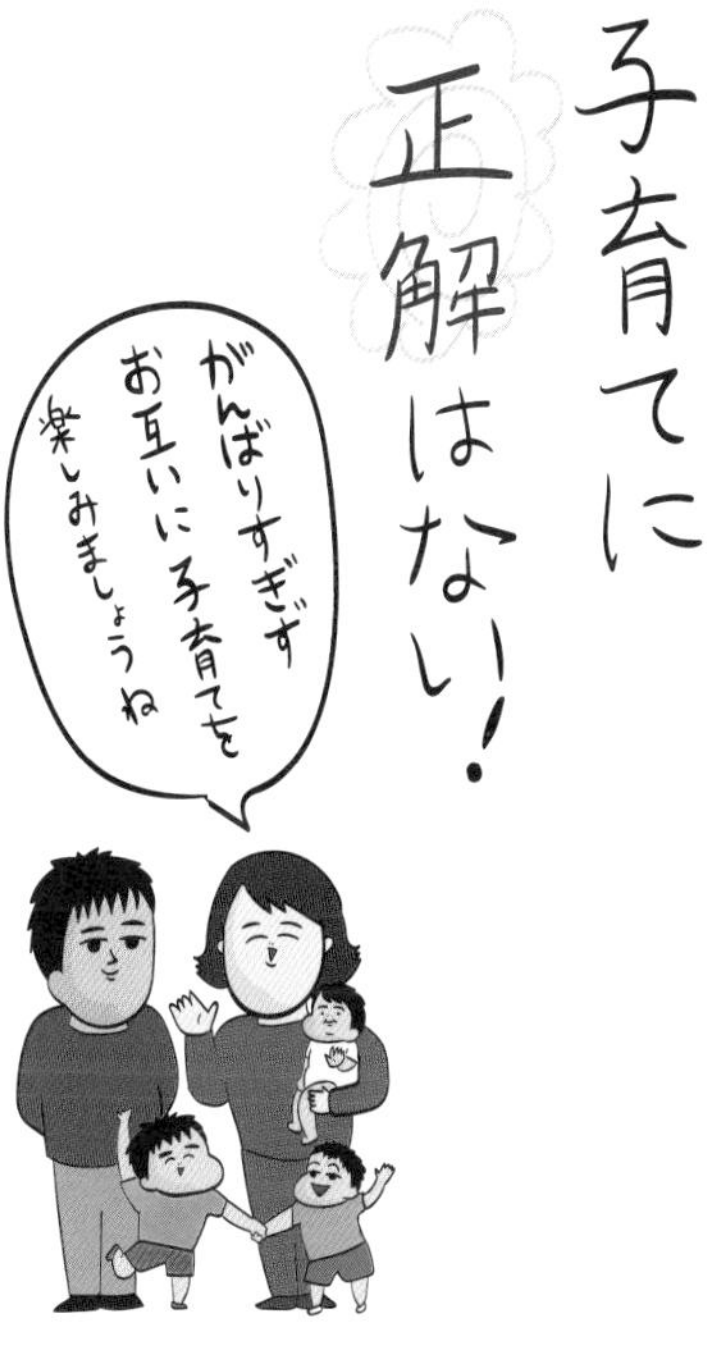
子育てに正解はない!
がんばりすぎず
お互いに子育てを
楽しみましょうね

あざみ
ブロガー/イラストレーターであり、男ばっかり3兄弟の母でもある。
24歳で結婚・退職した後、第一子を出産。はじめての育児に試行錯誤しながら奮闘する様をありのままに記した、育児絵日記ブログ「だいごろうの1日」が多くの共感を呼び、月間190万PVを記録する。「育児のあいまにクスっと笑えて、ときどき泣ける」をテーマにほぼ毎日更新中。ほか、育児系・主婦向けサイトにて複数連載をするなど幅広く活躍中。

ブログ「だいごろうの1日」
http://daigoroudays.blog.jp/

Twitter
https://twitter.com/daigoroudays/

育児書《いくじしょ》が教《おし》えてくれない　育児《いくじ》のホント

2020年6月20日　初版発行

著　者　あざみ
発行者　杉本淳一

発行所　株式会社 日本実業出版社　東京都新宿区市谷本村町3−29 〒162-0845
大阪市北区西天満6−8−1 〒530-0047
編集部　☎03-3268-5651
営業部　☎03-3268-5161　振　替　00170-1-25349
https://www.njg.co.jp/

印刷・製本／中央精版印刷

この本の内容についてのお問合せは、書面かFAX（03－3268－0832）にてお願い致します。
落丁・乱丁本は、送料小社負担にて、お取り替え致します。

ISBN 978-4-534-05785-3　Printed in JAPAN